_____ 드림

썸...
연애...
결혼

썸...
연애...
결혼

초판 1쇄 인쇄 2018년 12월 5일
초판 1쇄 발행 2018년 12월 12일

지은이 정우열

발행인 장상진
발행처 경향미디어
등록번호 제313-2002-477호
등록일자 2002년 1월 31일

주소 서울시 영등포구 양평동 2가 37-1번지 동아프라임밸리 507-508호
전화 1644-5613 | **팩스** 02) 304-5613

ⓒ 정우열

ISBN 978-89-6518-287-0 03180

· 값은 표지에 있습니다.
· 파본은 구입하신 서점에서 바꿔드립니다.

연애 시기별로 보는

쉽고 재미있고

유익한 연애 심리

정우열 지음

썸...
연애...
결혼

경향미디어

미투, 데이트 폭력, 이별 보복 범죄 등 남녀 관련한 뉴스가 끊이지 않고 있어요. 남혐, 여혐 분위기도 점점 심해지고 있고요.

저는 진료실에서 상담을 통해서도 남성은 여성을, 여성은 남성을 점점 어려워하고 심지어 두려워하는 것을 자주 경험해요. 이성에게 관심이 전혀 없다는 식으로 무의식적 회피를 하기도 하고, 결혼은 아예 생각하지도 않고요.

이성에 대한 마음이 있더라도 경쟁이 점점 치열해지는 요즘, 공부하고 취직하고 돈 버느라 연애할 여유가 없기도 하죠. 요즘 젊은 사람들이 연애를 안 하거나 못한다는 건 어찌 보면 당연한 것 같기도 해요.

그럼에도 불구하고 저는 연애를 해야 한다고 생각해요. 연애는 기본적으로 인간관계이지만, 단둘이 맺는 특별한 관계죠. 상대를 더 알고 싶어서 시작한 연애이지만, 연애를 하다 보면 아이러니하게도 자기 자신을 더 알게 되는 경험을 하게 돼요. 때론 상처를 주고받기도 하지만, 그 과정을 통해 자신을 인정하고 수용하게 되니 성숙해지는 과정이기도 하고요. 하지만 개인의 주변 환경, 부정적인 경험, 편견 때문에 연애를 거부하곤 하죠. 마음이 원하더라도 기술적으로 익숙하지 않아 뜻대로 되지 않기도 하고요.

전통적인 유교 문화에 익숙한 기성세대는 요즘 젊은 사람들이 연애를 너무 가볍게 생각한다고 보지만, 내막을 들여다보면 의외로 연애를 너무 어렵게 여기는 것 같아요. 그런 분들이 이성 관계, 연애에 대해 좀 더 흥미를 가지고 연애를 보다 자연스럽게 여기면 좋겠어요.

이 책이 다 죽은 연애세포를 되살리고, 호감 가는 상대와 연애를 시작하고, 기존 연인관계를 좀 더 안정적으로 만드는 계기가 되길 바랍니다.

정우열

CONTENT

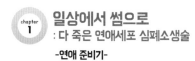

썸에서 연애로
: 썸남썸녀의 마음 사로잡기
-호감 있는 상대 공략법-

chapter 2

chapter
3

소개팅에서 연애로
: 호감을 산 뒤 사귀고 싶은 사람 되기
-소개팅 성공 전략-

chapter
1

일상에서 썸으로

: 다 죽은 연애세포 심폐소생술

-연애 준비기-

# #
첫눈에
반했다?

저에게 지속적으로 호감을 표현하는 한 남자가 있어요.
저에게 첫눈에 반했다고 하는데,
혹시 금사빠는 아닐까요?

♡ ◯ ◁

첫눈에 반했다는 고백을 들으면
누구나 기분이 좋아지죠.
그런데 한편으로는
이 남자 혹시 바람둥이거나
충동적인 성격은 아닐까 하는 염려도 됩니다.

하지만 관련된 연구를 보면
첫눈에 반했다고 말한 사람들 중
70~80퍼센트는 일생에 딱 한 번만
첫눈에 반했다고 해요.

더구나 첫눈에 반한 사람들은
대부분 안정적인 연애를 하고
절반 이상이 결혼까지 한다고 해요.
결혼 후 이혼율도 더 낮다고 하고요.

그러니 첫눈에 반했다는 고백을 들으면
편견이나 의심 없이 그 남자를 대해 보세요.

• • •

# #
의외로 연애에
도움이 되는 성격

저는 성격이 예민하고 충동적인 편이에요.
연애하기 힘들겠죠?

♡ ○ ◁

일상에서 썸으로

멕시코 아우토노마 대학교 연구진은
약 1,000명의 참가자를 대상으로
성격 검사와 연애빈도를 조사했어요.

그 결과 나쁜 성격 같지만
연애에 도움이 되는 성격들을 발견했어요.

남녀 모두 충동적인 성격이 해당되었는데
남들이 잘 하지 못하는 일을 쉽게 하는
쿨한 매력이 어필되었기 때문이에요.

더구나 여성은 예민한 성격일 때
남성의 보호 본능을 자극해 매력 있는 것으로 여겨졌고
남성은 완벽주의일 때
근면 성실함이 어필되어 매력 있는 것으로 여겨졌어요.

이처럼 모든 성향은 장단점이 있으니
연애에 대해 위축될 필요는 없어요.

연애의
꿀팁

•••

예쁜 애가 내 남사친과
썸 탈 때의 마음

전혀 이성으로 안 느껴지는 남사친이 있어요.

그런데 얼마 전, 뛰어난 외모 덕에 남자들의 관심을 늘 받던

제 친구와 썸을 타고 있단 얘기를 들었어요.

신기하게도 그후로 그 남사친한테 이성적인 관심이 자꾸 생기네요.

이건 무슨 고약한 심보일까요?

♡ ◯ ◁

일상에서 썸으로

미국의 한 연구진은
예쁜 여성이 관심을 가지는 남성에게
여러 명의 여성이 호감을 표시하는 경향을
보인다는 연구 결과를 발표했어요.

예쁜 여성이 관심을 가지면
왠지 좋은 남자친구 자질이 있는
이미 검증된 남자로 여겨지는 것 같아요.

그러니 관심 없던 남사친에게 급호감을 느끼는 건
고약한 심보 때문이 아니라 일반적인 것이라 생각하세요.

다른 사람의 호감 여부와 최대한 무관하게
남사친에 대한 본인의 마음을 판단해 보세요.

· · ·

\#
예쁜 애들과 다니면
불리할까?

과에서 저와 친한 친구들은 신기하게도 다들 예뻐요.
밥을 먹거나 수업을 들을 때에 친구들과 함께 다니곤 하는데,
남학생들이 보기에 상대적으로 제 매력이
더 낮게 여겨질까 봐 우려가 돼요.

♡ ◯ ◁

일상에서 썸으로

미국 캘리포니아 주립대학교 연구진은
130명을 대상으로 300명의 얼굴을 평가하게 했어요.
한 번은 혼자, 한 번은 두 명과 함께 있는 모습을 보고
매력도를 측정하게 했는데요.

그 결과 혼자 있을 때보다 여러 사람과 함께 있을 때
매력 점수가 훨씬 높게 나타났어요.
우리 뇌는 여러 명을 동시에 볼 때
얼굴 특징을 평균화하는 경향이 있기 때문이죠.

그러니 친구들 때문에 불리한 게 아니라
오히려 친구들 덕을 볼 수 있을 거예요.

연애의
꿀팁

•••

많이 만나 보면
좋은 남자를 만날까?

연애 경험이 많은 편인데 그동안
자기만 아는 나쁜 남자들을 많이 만나서,
이번엔 결혼을 염두에 두고 좋은 남자를 만나 보고 싶어요.
그동안의 경험이 많으니 잘 선택할 수 있겠죠?

♡ ◯ ▽

_____

일상에서 썸으로

영국 하트퓨리 대학교 연구진이
젊은 여성 146명을 대상으로
교제하고 싶은 남성의 자기애에 대한
질문들에 답하게 했어요.

그 결과 연애 경험이 많은 여성일수록
자기애 성향이 강하고 이기적인 남성을
선호하는 것으로 나타났어요.

자기애적이고 이기적인 남성을
흔히 '나쁜 남자'라고 하는데
연애 경험이 많다고 보는 눈이 달라지지는 않는 것이죠.

경험 많다고 자만하지 말고
신중하게 고민하고 만나 보세요.

연애의
꿀팁

· · ·

말 거는
방법

길에서 이상형을 만났는데
어떻게 말을 걸어야 할까요?

♡ ◯ ▽

일상에서 썸으로

영국의 한 실험에서
남성들이 바에 혼자 있는 여성에게
3가지 유형의 멘트로 접근했어요.

1) "쑥스럽지만 당신과 얘기하고 싶어요."
라는 솔직한 유형
2) "옆에 좀 앉아도 될까요?"
라는 미적지근한 유형
3) "제 첫사랑과 닮으셨어요."
라는 건방진 유형

그 결과 여성은 솔직한 유형에게 마음을 열었어요.
자그마치 83%의 여성이 호감을 가지고 대했어요.
건방진 유형이 가장 결과가 좋지 않았는데
천박하거나 부정적인 인상을 주어서
여성이 마음을 쉽게 열지 못하는 것이었어요.

그러니 남성분들은 진정성을 가지고
마음에 드는 여성을 대하세요.

연애의
꿀팁

· · ·

돌직구가 좋을까?
신비주의가 좋을까?

저는 마음에 드는 이성에게 호감을 잘 표현하는 편이에요.

그런데 저의 이런 면이 쉬운 남자 이미지를 줘서

매력이 없다는 얘기도 들어요.

호감을 조금 숨겨야 하나요?

일상에서 썸으로

미국 버지니아 대학교 연구진은
여학생을 세 그룹으로 나누어
'남학생이 당신에게 높은 점수를 줬다,
보통 점수를 줬다, 점수를 알 수 없다.'라며
남학생 프로필을 보여 주고 호감도를 조사했어요.

여학생들이 느낀 호감도는
'점수를 알 수 없다, 높은 점수를 줬다,
보통 점수를 줬다.' 순으로 높았어요.

상대방의 마음을 알 수 없을 때
그것에 대해 궁금증이 생기면서
자꾸 상대방을 생각하게 되고
호감도 덩달아 커지기 때문이에요.

'내가 그를 자꾸 생각하는 걸 보니
내가 그를 좋아하나 보다.'
라고 자신의 행동으로 자신의 심리를 유추하는 걸
심리학에서는 '자기 지각 효과'라고 해요.

그러니 감정을 잘 표현하는 것도 좋지만
전략적으로 신비주의를 써 보는 건 어떨까요?

# #
적극적으로
반응하는 여성

제 베프는 여성들에게 늘 친절하고 호응도 잘해 주는데,
전 성격이 반대로 무뚝뚝한 편이에요.
베프가 얼마 전에 연애를 시작했는데,
저 같은 성격도 연애를 할 수 있을까요?

미국 로체스터 대학교 연구팀이
남녀 간의 첫 데이트를 관찰한 결과
남성은 자신의 이야기에
적극적인 반응을 보이는 여성을
더 매력적으로 인식했어요.

반면에 여성은 남성이 호응하는 정도가
매력적인 남성으로 인식하는 요소로 작용하지 않았어요.

여성은 초면인 남성이 친절을 베풀고 호응해 줄 때
소위 '선수 같다.'는 느낌을 받을 수 있어요.

그러니 본인 스타일을 억지로 바꾸기보다는
자연스러운 평소 모습으로 여성분들을 만나 보세요.

연애의 꿀팁

• • •

# #
연애 잘하는
남자

전 남자인데,
연애를 잘하는 비결이 뭔가요?

일상에서 썸으로

연애 잘하는 남자의 특징을 알아본 한 연구 결과는
딱 두 가지였어요.
릴렉스 능력, 그리고 도발 능력.

릴렉스 능력이란 자연스럽게 다가가
상대방에게 편안한 마음을 주는 능력이에요.
여성은 편안함을 느낄 때에 경계심이 줄어
남성에게 흥미를 가질 여지가 있어요.

도발 능력이란 적당히 과감한 말과 행동을
할 수 있는 능력이에요.
조금 더 가까이 앉을 수도 있고 아주 가벼운 스킨십도
태연한 표정으로 할 수 있는 거죠.

그런데 이 두 가지 능력 모두
내 마음이 편안해야 가질 수 있는 것들이에요.
학업이나 업무 등으로 스트레스가 큰 상황에서
연애하기 어려운 이유죠.
결혼에 대한 압박감이 클 때
오히려 연애하기 어려운 이유이기도 하고요.

그러니 연애하고 싶은 남성분은
자기 마음이 편안한지를 먼저 점검해 보세요.

연애의
꿀팁

• • •

연애 잘하는
여자

전 여자인데,
연애를 잘하는 비결이 뭔가요?

♡ ◯ ◁

일상에서 썸으로

연애 잘하는 여자의 특징을 살펴본
한 연구 결과가 있는데
적극성이 가장 중요하다는 것이었어요.

그런데 여성들은 오히려 여자는
소극적이어야 한다는 편견을 가지고 있죠.
그런 사람일수록 연애를 시작하는 것도,
연애 관계를 유지하는 것도 어려운 경우가 많아요.

그 이유는 여성이 소극적이면
남성도 자기 마음을 표현하거나
적극적으로 구애하기를 주저하기 때문이에요.
특히 요즘처럼 공부하고 취직하기 힘든 시기에
남성은 심리적으로 위축되기 마련이고
여성의 소극성을 자신에게 '매력이 없어서'라고
해석하기 쉽거든요.

그러니 여성이라고 남성이 먼저 다가오기만
기다리지 마세요.
어느 정도 적극적으로 다가가는 것도 괜찮아요.
그게 부담스럽다면 최소한 남성이 자신에게
다가올 수 있는 계기를 일부러 만드세요.
그리고 자신의 소중한 감정 표현을 너무 주저하지 마세요.

연애의
꿀팁

· · ·

말 잘하는 여자 vs
말 잘하는 남자

친한 친구들은 말주변이 뛰어나서 저는 주로 듣곤 해요.
문득 친구들이 모두 연애 중인데 저만 솔로인 게 혹시
제 말주변 때문인가 하는 생각이 들었어요.
여자도 말을 잘하는 게 연애에 유리하겠죠?

♡ ○ ◁

미국 버펄로 대학교 연구진은
남녀 대학생 338명을 대상으로
스토리텔링 능력과 이성으로서의
호감 여부를 조사했어요.

그 결과 여성은 스토리텔링 능력이 있는 남성을
오랜 기간 연애할 수 있는 상대로
꼽는 경향이 있었지만
여성의 스토리텔링 능력은
남성에게 어필되지 않았어요.

여성은 말 잘하는 남성을
능력 있는 사람으로 평가하지만
남성은 말 잘하는 여성을
미심쩍어하는 경향이 있다고 해요.

그러니 위축되지 말고 자신 있게
남성과의 만남을 가져 보세요.

•••

감정을 잘
표현하는 사람

저는 감정을 잘 숨기지 못하는 편이에요.
이런 면 때문에 조심스러워야 할 남녀 관계에
지장이 되진 않을까 우려돼요.

♡ ◯ ◁

일상에서 썸으로

독일 튀빙겐 대학교 연구팀은
상대방의 다양한 감정을 확실히 인식하게 될수록
상대방에 대한 호감도가 높아진다는
연구 결과를 발표했어요.

참가자들의 두뇌를 스캔한 결과,
상대방의 감정을 알아차렸다고 여기는 순간에
기쁨과 만족감을 발생시키는
뇌 신경회로가 활성화되었는데
그 쾌감이 상대방에 대한 호감으로
인식될 수 있다고 해요.

어떤 감정이든 순간순간에 느끼는 것을
자연스럽게 드러내는 편이 오히려
상대방에게 호감을 살 수 있으니
평소대로 자연스럽게 남성분을 만나세요.

•••

\#
무난한
외모

남자는 여자의 외모를 많이 본다는데,
저는 무난하지만 눈·코·입 어디 한 군데
특출하게 예쁜 부위가 없는 것 같아서 고민이에요.

♡ ◯ ◁

프랑스 파리 대학교 연구팀이
169명의 남성을 대상으로 조사한 결과
남성은 얼굴을 볼 때
눈, 코, 입 등 특정 부분이 아닌
전체적인 모습이 단순하게 인식되는지를
평가하는 것으로 나타났어요.

특별히 단점이 도드라진 부분만 없으면
평범한 얼굴에서 호감을 느낀다는 것이지요.

남자는 단순하다는 말이 있으니
무난한 외모에 자신감을 가지세요.

# #
호감
판별법

스터디 모임을 하고 있어요.
공부가 목적이지만 자주 보다 보니
호감이 가는 여성이 생겼어요.
혹시 그녀의 무의식적인 행동에서 나에 대한
마음이 어떤지 확인할 수 있는 방법이 있을까요?

♡ ◯ ◁

일상에서 썸으로

이탈리아의 한 연구진은
1,375회의 하품 데이터를 분석했어요.

한 사람이 하품을 할 때
'곧바로' 따라 하는 사람들은 대부분
상대방에게 평소 호감을 가지고 있었거나
친한 친구 관계인 경우가 많았어요.

이 연구는 정서적 공감대가 강할수록
상대방과 자신 사이의 모방적 행동을
더 '빠르게' 해낸다는 측면에서
주목받고 있어요.

함께 있을 때 그녀가 나의 하품에 '빠르게'
전염되는지 확인해 보는 것도
좋은 방법이 될 것 같아요.

•••

\#
스킨십
판별법

친한 선배가 아주 살짝 스킨십을 하는데
좀 심한 것 같기도 하고,
제가 너무 오버하는 것 같기도 하고
도무지 판단을 못하겠어요.

♡ ◯ ◁

일상에서 썸으로

'친숙도'는 인간관계에서
객관성을 떨어뜨리는 요소로 작용해요.

그래서 똑같은 행동을 하더라도
친한 사람일수록 추상적으로 해석하고
덜 객관적으로 바라보게 돼요.

더구나 친한 사이일수록
그 사람을 대하는 자신의 행동에
오히려 엄격한 잣대를 들이대게 되지요.
자기가 너무 오버하는 것 같다는 식으로요.

그러니 친한 선배가 아닌 그냥 선배
또는 모르는 선배가 하는 행동이라고 생각하고
판단하고 대응하세요.

연애의
꿀팁

•••

모솔이라
조바심이 들 때

대학교 3학년인데 아직 모솔입니다.
봄이 다 지나가는데, 이러다가
연애를 영원히 못하는 건 아닐까 하는 조바심이 드네요.
어떡하죠?

♡ ◯ ◁

일상에서 썸으로

독일의 한 연구팀은
모태솔로 남녀 312명을 모집해서
6년간 추적 관찰했어요.

23~25세 때 첫 연애를 하는 사람들은
21~22세 때 연애를 시작한 사람들에 비해
자존감과 성실성이 높고, 우울감 등 부정적 감정은 적어
안정적인 연애를 하고 있었어요.

모솔 기간은
다양한 사람과 관계를 맺는 법을 배운다는 점에서
연애 준비 기간이라는 의미로 볼 수 있어요.

조금 늦게 연애를 시작하지만 오히려
안정적인 연애를 할 수 있다는 점을 기억하고
조바심을 내려놓으세요.

· · ·

# #
상남자를
좋아하는 이유

요즘은 우락부락한 상남자보다는
꽃미남을 선호하는 친구들이 많은 것 같아요.
그런데 저는 언제나 강해 보이는 남성에게 호감을 느끼는데
그 이유가 뭘까요?

♡ ◯ ◁

일상에서 썸으로

영국 레체스터 대학교 심리학 연구진이
158명의 여성을 대상으로
공포감을 줄 수 있는 장소 사진과
좋아하는 남자 스타일에 대한 설문을
동시에 진행했어요.

그 결과 두려움이 많은 여성은 공통적으로
힘세고 강한 상남자 스타일을 이상형으로 꼽았어요.
상남자에게 매력을 크게 느끼는 분들은
혹시 본인이 두려움이 많은 성향인지 아닌지
파악해 보면 이상형이 이해될 수도 있을 것 같아요.

\#
근육에
집착하는 남자

다음 주에 소개팅 예정인데

소개팅남 프사를 보니 근육맨이네요.

멋있긴 한데 그 근육을 유지하려면

연애보다 운동을 더 소중히 여기진 않을까 우려가 돼요.

영국 웨스트민스터 대학교 연구진은
남성들을 상대로 설문 조사를 해서
근육에 대한 열망과
가정이나 여성에 대한 생각을 알아봤어요.

조사 결과 근육에 집착하는 정도가 클수록
가부장적인 경향이 큰 것으로 나타났어요.

연구진은
"근육질 몸매를 갈망하는 사람은
근육을 남성성의 상징으로 보고 있고,
전통적인 성역할 관념에 사로잡혀
가부장적인 경향을 보이는 것으로 추정된다."
라고 했어요.

운동을 좋아하는 사람은 성실하고
성격도 밝은 경우가 많지만
가부장적인 경향이 있을 수 있다는 점은
한 번쯤 고려해 봐야 할 것 같아요.

· · ·

# #
남자에게
유머 감각은 필수인가?

남자인데 유머 감각이 전혀 없어요.

연애를 할 수 있을까요?

♡ ◯ ◁

물론 여성은 기왕이면 즐거움을 주는 남성을 선호해요.
하지만 웃기는 남자와 사귀고 싶은 남자는 달라요.

남자가 유머로 긴장을 풀어 주면 좋지만
여성의 입장에서 훨씬 더 중요한 건
편안하게 자기 이야기를 할 수 있어야 한다는 점이에요.
남자도 마찬가지이지만
여성은 특히 더 공감받고 싶은 마음이 크거든요.

억지로 재미있는 이야기를 하려 하기보다는
진심으로 이야기를 들어주는 남자가 되어 보세요.
여성의 말에 대해 자신의 지식을 뽐내려 하기보다는
"아~, 그랬구나~, 그래서 어땠어요?"라는 말로
여성이 편안하게 말할 기회를 주세요.

···

# #
똥차 가고
벤츠 온대

얼마 전에 베프가 남친과 헤어져서 많이 힘들어하네요.
어떤 위로의 말을 해 줘야 할까요?

♡ ○ ◁

일상에서 썸으로

폴란드 바르샤바 대학교 연구진이
과거를 바라보는 태도에 따라
연애만족도가 어떻게 달라지는지를 조사했어요.
그 결과 과거를 좋게 보든 나쁘게 보든
연애만족도는 낮게 나타났어요.

과거를 별로 의식하지 않는 사람들만
행복한 연애를 하고 있다는 것이지요.
나쁜 남자와 잘 헤어졌다고,
세상에 좋은 남자가 많다는 의미에서
"똥차 가고 벤츠 온대."
라는 섣부른 위로의 말을 해 주기보다는
친구의 말을 잘 들어주는 게 더 중요해요.

감정을 충분히 표현해야
마음속에서 정리가 되고
연연하지 않게 되거든요.

연애의
꿀팁

• • •

# #
이전 연애 경험
때문에

예전 여자친구에게 못해 준 기억 때문에
새로운 연애를 못하겠어요.

♡ ◯ ◁

일상에서 썸으로

실제로 여자친구에게 못해 줬을 수도 있지만
지금 내가 심리적으로 힘든 상황이라면
바로 그 점 때문에 예전의 연애 기억이
더 부정적으로 왜곡되었을 수 있어요.

현재의 나를 내가 어떻게 보느냐에 따라
추억이 더 좋게 여겨질 수도 있고
반대로 더 나쁘게 여겨질 수도 있거든요.
추억에 대한 나의 현재 태도가 가장 중요해요.

그러니 과거 기억에 얽매이지 말고
우선 현재 나에게 스트레스를 주는
이런저런 문제를 하나씩 해결한 뒤에
심리적으로 안정된 상태에서
과거 연애를 추억해 보세요.
좋은 추억도 떠오를 것이고
앞으로의 연애에 대한 자신감도 생길 거예요.

···

# #
이별의 슬픔을
외면하지 않는 게
회복의 지름길

얼마 전에 남친과 헤어져서 참 힘들어요.
잊으려 노력을 해 봐도 잘 안 되네요.
어떻게 해야 할까요?

일상에서 썸으로

미국 미주리 주립대학교 연구진은
연인과 이별한 참가자를 대상으로
각각 다른 방법으로 이별 후유증을 극복하게 했어요.

한 그룹은 상대방을 부정적으로 재평가하도록,
다른 그룹은 상대방을 억지로 잊기보다는
사랑했던 감정을 그대로 받아들이도록,
또 다른 그룹은 취미 활동을 통해
상대방 생각이 나지 않도록 했어요.

그 결과 과거의 좋았던 감정을 그대로 받아들였던 그룹이
연인을 회상할 때 감정 강도가 가장 크게 떨어졌어요.

감정은 억지로 극복되는 게 아닌 것 같아요.
옛 연인에 대한 감정을 있는 그대로 받아들이다 보면
점점 마음을 추스를 수 있을 거예요.

\#
이별도
전염된다

저와 절친 2명이 최근에 모두 여친과 헤어졌어요.
친구들은 가장 먼저 헤어진 제 탓을 하는데
이별도 전염이 되나요?

♡ ◯ ◁

미국 하버드 대학교 연구진의 조사 결과에 따르면
친구, 형제, 동료 등 주변 사람이 이별을 결심할 때
자기도 위기 상황이 되면 이별을 강행할 확률이
75%나 되는 것으로 나타났어요.

친구의 친구가 이별을 해도
내가 이별할 확률이 35% 증가했어요.

주변 사람의 행동이나 가치관은
개인에게 영향을 미치는데
그걸 사회적 전염이라고 해요.

이별이 잘못은 아니지만
친한 친구끼리 영향을 줬을 수 있을 것 같아요.

이젠 반대로 새로운 만남이라는 긍정적인 영향도
서로 주고받길 바랄게요.

# #
상처는
돌아온다

남친이 양다리를 걸쳤다는 걸 알게 되었는데.
그 대상이 제 친구였네요. 하도 기가 막혀 헤어졌는데
지금은 둘이 사귀고 있다고 해요.
어떻게 해야 복수할 수 있을까요?

미국 사우스 앨라배마 대학교 심리학과 연구진은
138명의 참가자를 대상으로
현재 연인이 이전 연인으로부터 나를 빼앗아
사귀게 되었다고 응답한 그룹의 특징을 알아보았어요.

이들은 정상적인 과정으로 연인이 된 그룹에 비해
관계에 덜 헌신적이고, 덜 만족하고,
계속해서 다른 연애 대상을 찾는 것으로 나타났어요.
시간이 지날수록 이런 현상이 더 두드러졌다고 해요.

그러니 많이 속상하겠지만
둘 중 누구에게도 특별한 행동을 하지 않아도 될 것 같아요.
시간이 지날수록 둘은 안정적인 연애를 하기 힘들 테니까요.
감정을 추스른 후에 좋은 분 만나길 바랄게요.

・・・

# #
이별 상처
회복 기간

친구가 한 달 전에 남친과 헤어졌는데
아직도 너무 괴로워하네요.
또 다른 사랑으로 극복하도록
소개팅을 해 주는 게 좋을까요?

일상에서 썸으로

미국 몬머스 대학교 연구진은
연인 사이였다가 최근에 이별을 경험한
남녀 155명을 관찰했어요.

남녀 모두 이별의 고통으로 힘들어하다가
10명 중 7명은 이별 후 11주가량 지났을 때
후유증에서 간신히 벗어났어요.

이별 초반에는 아픔이 크게 느껴지죠.
시간이 어느 정도 지나야 비로소
이별의 긍정적인 면도 보게 된답니다.

친구는 여전히 힘들어할 수 있을 것 같아요.
친구가 마음을 조금씩 추스르도록
힘든 마음에 대한 이야기를 들어주며
기다려 주는 게 좋겠어요.

이별 상처
회복의 남녀차

얼마 전에 여친과 헤어졌어요.
SNS를 보면 여친이 많이 힘들어하는 것 같은데,
저는 그만큼 괴롭지 않은 것 같아요.
제 사랑이 더 부족했던 걸까요?

♡ ○ ◁

일상에서 썸으로

미국 뉴욕 주립대학교 연구진은
전 세계 96개국 570여 명의
남녀를 대상으로 이별 후의 고통을 점수로
표시하게 했어요.

그 결과 여성의 고통 정도가 더 높게 나왔지만
남성은 고통이 더 오래 지속되는 것으로 나타났어요.

여성은 상대적으로 감정을 잘 느끼기 때문에
이별 후에 급격히 우울해지지만
그만큼 감정을 잘 정리하게 되죠.

남성은 초반에는 오히려 감정에 무딘 듯하지만
시간이 지날수록 이별이라는 현실을 깨닫게 되고
더 고통스러워하는 경우가 많아요.

그러니 현재의 감정만 가지고
이전 여친에 대한 사랑 정도를
판단할 필요는 없을 것 같아요.

# #
바람피운
전 남친 덕에

얼마 전에 남친과 헤어져서 너무 힘들어요.
남친이 바람을 피운다는 걸 알게 되어 헤어졌는데,
앞으로 남자를 믿고 만날 수 있을까 걱정이 돼요.

일상에서 썸으로

미국 빙햄튼 대학교 심리학과 연구진이
약 100개국 5,700여 명을 대상으로 한 설문 조사 결과
전 남친의 외도로 헤어진 여성들은
6개월에서 1년 후에는
나쁜 남자를 구별할 수 있는 안목을 기르게 되어
자신감과 '짝짓기 지능'이
월등히 높아졌다고 나타났습니다.

지금은 충격과 배신감과 수치심으로 힘들겠지만
이번 일을 계기로 나쁜 남자를 거르는 안목이
생겼을 거라 생각되네요.

시간이 지나고 어느 정도 마음을 추스른 후에는
좋은 남자를 만날 수 있을 거예요.

\#
차인 여성이
좋다

CC를 하다가 전 남친에게 차였어요.

요즘 저에게 호감을 보이는 과친구가 있는데

제 상황을 다 아니까

호감을 보일 리가 없다는 생각이 들어 고민되네요.

미국 미시건 대학교 연구진은
남녀 약 200명을 대상으로
전 연인을 찬 경우와 전 연인에게 차인 경우로 나눠
가짜 프로필을 작성한 뒤
프로필에 나타난 이성에 대한 호감도를 조사했어요.

그 결과 여성은 남자가 전 연인을 찼을 때,
남자는 여성이 전 연인에게 차였을 때
더 매력적으로 여겼어요.

남자는 여성이 전 남친을 찼다고 생각하면
왠지 까다롭거나 요구사항이 많을 것으로
생각하게 되어 꺼리는 것 같아요.

전 남친에게 차였다는 점 때문에
당신을 더 매력적으로 볼 수도 있으니
자신감을 가지세요.

# #
반려동물아
고마워

반려견을 5년째 키우고 있어요.
그런데 얼마 전에 친구가 제가 솔로인 기간이 딱 5년이라면서
반려견 때문에 연애를 못하는 거라더군요.
정말 그런 걸까요?

캐나다의 한 연구에 따르면
대부분의 반려동물 소유자가
그들의 연애 관계에 반려동물이
긍정적인 영향을 끼쳤다고 해요.

또 다른 실험 결과에 따르면
개와 함께 있는 남성은
여성의 연락처를 얻을 확률이 더 높았다고 해요.

국내에도 비슷한 조사 결과가 있는데요.
국내 한 결혼정보회사가 미혼남녀들을 대상으로
이성의 반려동물이 연애에 미치는 영향에 대해
설문 조사를 했어요.

그 결과 10명 중 6명은
반려동물을 기르는 이성에게
호감을 느끼는 것으로 나타났어요.

그런데 반려견은 오랜 기간 책임감을 가지고 키워야 하니
연애하기 위한 목적만으로 반려견을 키우는 것은 안 돼요.

하지만 반려견을 이미 키우고 있는 분들은
조금 더 자신감을 가져도 좋을 것 같아요.

···

# #
남매가
유리하다

아직 모솔이라 걱정이에요.

남자 형제만 있는 모솔 베프는 여동생이 있는 제가

자기보다는 연애를 잘할 거라며 부러워하네요.

전 여동생과 싸운 기억뿐인데 일리가 있는 말일까요?

♡ ◯ ◁

일상에서 썸으로

미국 펜실베이니아 주립대학교 연구진은
남녀 373명을 8년 동안 관찰해서
남매인 사람이 형제나 자매에 비해
연애에 대한 자신감이 더 높고
연애도 더 오래 잘한다는 결론을 얻었어요.

남매는 어려서부터 수없이 많은 다툼을 경험하지만
그 과정에서 이성의 마음을 파악하는 능력이 키워지고
오해를 풀거나 화해하는 기술도 습득하게 되는 것 같아요.

남매 사이가 좋을수록
연인 관계에서 만족도와 친밀감이 더 높다는 결과도 있으니
여동생과의 관계 개선을 위한 노력을 해 보세요.

• • •

\#
술을 좋아하면
눈이 낮아진다?

친구들이 제게 눈이 낮다고 해서 고민이에요.
한 친구는 제가 늘 술에 절어 살아서
남자 보는 능력이 감퇴되었다고 하는데
그럴 수도 있나요?

♡ ◯ ▽

일상에서 썸으로

술을 마시면 이성이 더 매력적으로 보이는 것을
'비어 고글' 현상이라고 합니다.

남성은 술이 깬 다음날에 그 현상이 사라지지만
여성은 그 효과가 더 오래 지속된다고 해요.

캐나다 레이크헤드 대학교 연구팀은
6개월간 술을 마셔 온 젊은 여성들을 상대로
비어 고글 현상이 술을 마시지 않은 '평상시'에도
영향을 미친다는 걸 밝혀냈어요.

평소에 술을 많이 마시는 여성일수록
흔히 미남형이라 여기는
좌우 대칭형 얼굴을 판독하는 능력이
떨어지는 것으로 나타났어요.

연구진은
"술이 뇌의 시각 인지 능력에 영향을 미쳐
술을 오랫동안 마셔 온 여성들은
덜 매혹적인 남성도 매력적으로 느낀다."
라고 설명했어요.

그러니 금주 기간을 어느 정도 가지고
남자를 만나 보세요.

# #
담배 피는
이성

모솔입니다.
제 친구가 연애하려면 담배부터 끊으라고 하는데,
실제 연애하는 데 담배가 지장을 줄까요?

♡ ◯ ▽

영국 브리스틀 대학교 연구진은
남녀 500여 명에게
흡연자와 비흡연자로 구성된
일란성 쌍둥이 23쌍의 얼굴을 보여 주고
누가 더 매력적인지 질문했어요.

그 결과 남녀 모두 이성이 비흡연자일 때
더 매력적으로 평가했어요.

담배는 건강에 좋지 않은 건 물론이고,
이성에게 외모로 어필하는 데 지장을 줄 수 있으니
친구 말처럼 끊어 보는 게 어떨까요?

# #
더러움

저는 성격이 조금 게을러서 씻는 걸 참 싫어합니다.
제 친구는 그 점을 고치지 않으면
절대로 연애를 할 수 없을 거라고 하는데,
과연 그럴까요?

♡ ○ ◁

미국 플로리다 주립대학교 연구진은
5,000여 명의 남녀를 대상으로
연애 관계에 부정적인 영향을 미치는
성격적인 특성들을 조사했어요.

그 결과 남녀 모두 부정적인 요소를
단정하지 않거나 더러운 외모, 게으름, 지나친 궁핍
순으로 꼽았어요.

그러니 친구 말에 일리가 있는 것 같아요.
최소한 더럽다는 느낌을 주지는 않도록 노력하세요.

• • •

# #
밀당의
꿀팁

다들 제게 쉬운 여자라고 하는데,
밀당은 어떻게 하는 건가요?

♡ ◯ ◁

일상에서 썸으로

사람에게는 해결되지 않은 문제를
무의식적으로 계속 생각해서
해결하려는 심리가 있어요.
이를 '자이가르닉 효과'라고 해요.

드라마를 매회 꼭 클라이맥스에서 끝내는 것도
해결해야 할 과제로 시청자 마음에 남기기 위해서죠.

"요즘 고민이 있는데, 얘기를 시작하면
너무 길어질 것 같으니 다음에 할게요."
라며 상대방을 조금 찝찝하게 해 보세요.

상대방이 무의식적으로 나를 계속 생각하게 될 것이고,
계속 생각하는 이유가 호감 때문이라고 여길 수 있어요.

초반
공략법

♥ 자주 나타나라

–08학번 신입생입니다. 과 동기 중에 마음에 드는 여학생이 있어요. 그런데 그녀는 아직 제 존재를 모르는 것 같아요. 어떻게 해야 그녀에게 제 존재를 확실히 어필할 수 있을까요?

미국 피츠버그 대학교 연구진은 수업 출석 횟수와 호감도를 조사했어요. 학생들에게 같은 수업을 들은 네 여성의 사진을 보여 주고 얼마나 매력적인지 평가하게 했어요.

4명의 여성은 학생들의 90%가 기억을 못 할 정도로 일부러 존재감 없게 행동했어요.

하지만 더 많이 출석한 여성일수록 더 매력적이라는 평가는 물론, 이성친구와 발전할 수 있을까라는 질문에도 긍정적인 대답을 얻었어요.

심리학에서는 이를 '단순 노출 효과'라고 해요. 상대방이 나를 의식하지 못한 상황에서조차 영향을 미칠 정도로 강력하죠.

확실히 존재감을 드러내는 것도 좋겠지만 그녀가 의식하지 못하더라도 꾸준히 그녀의 시야 안에 자신을 노출시키면서 자연스러운 접촉의 기회를 기다려 보세요.

♥ 외모는 첫인상의 전부가 아니다

–소개팅 예정이에요. 솔직히 잘생긴 편이 아니라 첫인상에서 제 매력을 어필할 수 있을지 걱정이 됩니다.

영국과 폴란드 공동 연구진은 지난 30년간 전 세계에서 발표된 논문을 재검토했어요. 그 결과 향기와 목소리는 외모만큼이나 첫인상과 매력도에 매우 크게 영향을 미치는 요인인 것으로 분석되었어요.

여성은 낮고 굵은 남자다운 목소리를 가진 남성에게, 남성은 높은 톤의 목소리를 가진 여성에게 끌리는 경우가 많았다고 해요.

냄새를 통해 개인적인 성향을 직관적으로 평가하고 자신과 어울릴 만한 사람을 고르는 경향이 있는데, 이는 특히 여성에게서 더 많이 나타났다고 해요.

첫인상에서 호감을 얻으려면 자신의 외모뿐만 아니라 목소리나 향기 등에도 신경을 써 보세요.

♥ 초반엔 공통점을 찾아라

–소개팅을 앞둔 모솔입니다. 여동생이나 누나도 없고 남중, 남고 나왔습니다. 그래서인지 제 주변에는 남자친구뿐이고 제 관심 분야도 게임, 축구, 군대입니다. 소개팅 분위기를 위해 재미있는 군대 이야기를 준비해 가도 될까요?

상대방에게 호감을 가지는 데에는 서로의 공통점이 큰 작용을 하는데, 이를 '유사성 효과'라고 해요. 이성 관계도 마찬가지입니다. 특히 첫 만남에서의 호감 여부가 중요한 소개팅에서는 더욱 중요합니다.

운 좋게 소개팅녀와 공통 흥미가 있으면 좋지만 그렇지 않은 경우도 많죠. 그럴 때에는 내가 상대방에게 맞춰야 해요. 여성의 마음을 얻기 위해 아부하고 아첨하라는 말이 아니에요. 여성이 듣기 원하는 내용이나 분야에 대해 말하라는 거예요.

주변에 여자 사람 친구가 없더라도 소개팅녀 또래 여성들의 일반적인 관심 사항들을 최대한 수집해 보세요. 그리고 소개팅 자리에서 여성분의 관심 사항을 잡아내고 그 부분에 흥미를 적극적으로 표현하면서 관련된 이야기를 나눠 보세요.

썸에서 연애로

: 썸남썸녀의 마음 사로잡기

-호감 있는 상대 공략법-

···

# #
선남선녀끼리만
만날까?

1년 넘게 호감을 가지고 있는 동아리 친구가 있습니다.

제가 고백하지 못하는 이유는 그녀는 매력적인 외모를 가졌지만

저는 그렇지 않다고 생각하기 때문입니다.

보통 외모가 비슷한 사람끼리 만난다고 하잖아요.

그러니 포기해야 할까요?

♡ ◯ ◁

미국 텍사스 오스틴 대학교 연구진은
167쌍의 커플을 대상으로
커플 각각의 외모 매력도와
연애 전에 알고 지낸 기간을 조사했어요.

그 결과 사귀기 전에 알고 지낸 기간과
외모 매력도의 유사성은
반비례하는 경향을 보였어요.
9개월 정도 지난 뒤 연애를 시작한 커플은
두 사람의 외모 매력도에서 아무 연관성을 발견할 수 없었고
친구에서 연인으로 발전한 커플의 경우도 마찬가지였어요.

사람은 상대방에 대한 충분한 정보가 없을 때는
외모처럼 사회적으로 합의된 기준으로 매력을 평가하지만
알고 지낸 기간이 길어지면
다양한 모습을 통해 매력을 주관적으로 평가하기 때문이죠.

친구로 지낸 기간이 충분하니
외모 이외에 본인의 다양한 매력이
어필되었을 가능성을 생각하고
그녀에게 자신 있게 감정을 표현해 보세요.

연애의
꿀팁

• • •

좋아하면
느려진다

여성 직장 동료와 종종 점심시간에 근처 공원을 걷습니다.
저는 단순히 운동이라고 생각하는데,
이성으로 호감이 있는 것 아니냐고 친구가 말하네요.
제 마음을 알 수 있는 방법이 있을까요?

미국 시애틀 퍼시픽 대학교 연구진은
남성이 호감 있는 여성과 걸을 때
걷는 속도가 어떻게 변하는지 실험했어요.

그 결과 동성 친구와 걸을 때와
호감 없는 이성과 걸을 때에는
속도 변화가 전혀 나타나지 않았고
심지어 더 빨라져서 남성이 앞서가기도 했습니다.

하지만 매력적으로 여기는 여성과 걸을 때는
걷는 속도가 약 7% 느려졌고
남성이 앞서가는 경우는 한 차례도 없었습니다.

정상적인 속도보다 천천히 걷게 되면
에너지 비효율이 나타나 불편함에도 불구하고
오랫동안 함께하고 싶은 심리가 작용하는 거죠.
그러니 동성 친구와 걸을 때와 그녀와 걸을 때
속도 변화가 나타나는지를 확인해 보세요.

· · ·

# #
목소리를
깔아요

요즘 동아리 친구들과 미팅을 자주 합니다.
한 친구는 저에게 마음에 드는 여성 앞에서는
목소리를 너무 깔고 말한다며 티가 난다고 하네요.
저는 잘 모르겠는데, 제가 정말 그럴 수도 있나요?

영국 스텔링 대학교 연구팀은
111명의 남녀를 대상으로
매력적인 상대에게 말할 때와
그렇지 않은 상대에게 말할 때의
목소리 패턴을 비교하는 실험을 했어요.

그 결과 남성들은 모두
매력적인 여성에게 말할 때
매우 낮은 피치나 깊은 목소리를 냈어요.

다른 연구 결과에서는
여성은 그런 남성의 목소리에 매력을 느낀다고 해요.
그러니 친구분의 말에 일리가 있는 것 같아요.

하지만 지나치게 남자다운 목소리를 구사하면
오히려 여성에게 공격적인 성향으로 보이는 등
부정적 이미지를 줄 수도 있으니 주의하세요.

• • •

\#
남자의
미소

동아리 여자 후배에게 호감이 있어요.

남자답고 시크한 모습을 보여 주고 싶어서

후배 앞에선 무표정해지는데,

제 마음을 아는 제 친구는 그럴수록 더 웃으라네요.

♡ ◯ ◁

썸에서 연애로

미국, 노르웨이, 이탈리아 공동 연구진은
3개국 대학생 218명을 대상으로
시크한 표정을 지닌 남성과 미소를 지닌 남성 중에서
데이트 상대자 또는 결혼 상대자를 선택하게 했어요.

그 결과 대다수의 여성이 미소를 띤 남성을 선택했어요.
그 이유가 미래의 자상한 남편으로 여겨지고
안정된 관계를 위해 좋을 것 같다고 했어요.

웃는 모습이 남자다움은 덜할 수 있지만
남자의 미소는 여성에게
편안함과 신뢰감을 준다는 점을 기억하세요.

· · ·

\#
밥 잘 먹는
남자

평소 이성적으로 호감을 느끼던 동아리 선배와
우연히 단둘이 식사하게 되었어요.
제 앞에서 선배는 음식을 정말 맛있게 많이 먹더라고요.
제가 여자로 보이지 않는 거겠죠?

♡ ◯ ◁

미국 코넬 대학교 연구팀은
성인 남녀 150명을 대상으로
음식점에서 식사하는 모습을 2주간 분석했어요.

그 결과 대부분의 남성은
좋아하는 여성과 식사할 때
더 많은 음식을 먹은 것으로 나타났어요.

남성은 음식을 잘 먹는 모습으로
호감 있는 여성에게 어필하려는 경향이 있어요.

그러니 선배가 음식을 맛있게 먹는 게
○○님에 대한 호감이 없어서라고
생각할 필요는 없을 것 같아요.
오히려 선배도 ○○님에게
호감을 가지고 있는 것 아닐까요?

연애의
꿀팁

•••

오빠를
따라 해라

좋아하는 여자가 있어요.
그녀의 오빠를 우연히 봤는데 외모가 참 훌륭하더군요.
그런 오빠를 보고 자란 그녀도
눈이 높을 것 같다는 생각에 주눅이 듭니다.
포기해야 할까요?

♡ ◯ ◁

썸에서 연애로

영국 노섬브리아 대학교 연구진은
여성은 오빠와 비슷한 사람과 연애할 확률이 높다는
실험 결과를 발표했습니다.
이 실험 결과를 보면 ○○님의 주눅 든 마음이
어느 정도 일리가 있기도 합니다.

하지만 이를 역으로 활용하는 것도 좋을 것 같아요.
연구를 이끈 탐신 색스턴 박사는 이 실험 결과를
"친숙한 매력을 가지고 있는 사람에게 이끌려
연인으로 선택하는 데 영향을 미칠 수 있다."
라고 설명했거든요.

자신을 바꾸면서까지 그녀의 마음을 얻고 싶다면
그 오빠분의 헤어스타일, 표정, 패션 스타일
등을 분석하고 따라 해 보세요.
그녀가 ○○님께 친숙함을 느끼기 쉬운
좋은 팁이 될 수 있어요.

•••

# #
술맛이
좋을 때

남자랑 술 마시면 과음하는 경향이 있어서 고민이에요.
왜 이러는 걸까요?

♡ ◯ ▽

썸에서 연애로

미국 캘리포니아 주립대학교 연구진은
20대 여성 100여 명을 대상으로
향수와 음료에 대한 설문 조사로 가장하고
한쪽에는 남성 호르몬 관련 화합물을,
다른 한쪽에는 그냥 물을 뿌린 뒤
맥주를 나눠 줬어요.

그 결과 남성 호르몬에 노출된 여성은
더 많은 양의 맥주를 마셨어요.

알코올은 사회적 윤활유라고도 하죠.
여성이 남성의 체취를 맡으면
남녀 관계의 진전을 위해
술을 더 마시게 된다고 해석할 수 있을 거 같아요.

· · ·

# #
그녀에게 부탁은
금기일까?

과에 좋아하는 동기 여학생이 있어요.

그녀가 평소 수업 필기를 잘해서 노트를 빌리고 싶은데

그냥 다른 사람에게 빌리는 게 낫겠죠?

괜히 부담 주게 되고 그게 저에 대해

부정적인 마음으로 이어질까 봐 우려되네요.

썸에서 연애로

미국 스탠포드 대학교 연구진은
쉬운 퀴즈를 낸 뒤 참가자 모두에게 3달러의 상금을 줬어요.

이후 퀴즈 진행자는 절반의 참가자에게
사정이 생겼다며 상금을 다시 돌려 달라는 부탁을 했는데
대부분 다 돌려줬어요.

그러고 나서 퀴즈 진행자에 대한 호감을 조사한 결과
부탁을 들어준 참가자들이 더 높은 호감을 보였어요.

상대방의 부탁을 들어준 뒤 아쉽거나 후회하는 마음이 들면
상대방에 대한 좋은 점을 찾는 식으로
자기 행동을 합리화하기 때문이죠.

그러니 그녀에게 노트 빌리는 일이 오히려
호감을 사는 계기가 될 수도 있을 것 같아요.

# #
여성이 금방
시선을 피하는 이유

호감이 있는 동아리 후배가 있어요.
동아리 모임에서 어쩌다 저와 눈이 마주치면
잠시 후 다른 곳으로 시선을 돌리는데,
제게 관심이 없는 거겠죠?

캐나다 퀸스 대학교 연구진은
남녀를 대상으로 이성과 대화하게 하고
숨겨 둔 카메라로 눈동자의 움직임을 관찰한 뒤
상대방에 대해 매력을 느낀 정도를 조사했어요.

그 결과 남학생들은
마음에 드는 여성은 8초 이상 쳐다봤고
마음에 들지 않은 경우에는
4초가 되기 전에 시선을 돌렸어요.

하지만 여학생은 결과가 달랐어요.
마음에 들든 마음에 들지 않든 상관없이
원래 눈을 오래 보는 사람은 오래 봤고
원래 짧게 보는 사람은 짧게 봤어요.

그러니 여자 후배가 자신의 눈을 오래 보지 않는 것으로
호감이 없다고 단정하지는 말고 관계를 발전시켜 보세요.

# #
VR
체험

썸녀와 밥 먹기로 했어요.
밥 먹고 자연스럽게 좀 더 함께하고 싶은데
뭘 하면 좋을까요?

♡ ◯ ▽

잘 알려진 '흔들다리 효과' 실험이 있어요.
남성들을 두 그룹으로 나누어 각각
흔들리는 다리와 단단한 다리를 건너게 했어요.

이후에 한 여성이 설문 조사를 진행하는 척하며
궁금한 점이 있으면 연락 달라고 하며
연락처를 줬는데 어떻게 됐을까요?

흔들다리를 건넌 남성의 50%가 여성에게
설문 조사 핑계로 전화를 한 반면,
단단한 다리를 건넌 사람은 12.5%만 전화를 했어요.

흔들다리를 건너며 심박수가 높아진 남성들은
자신의 생리적 변화를
여성에 대한 호감으로 착각한 것이에요.
이를 심리 용어로는
'감정 환기의 잘못된 귀인 현상'이라고 해요.

공포영화를 보거나 놀이동산에 가는 것은
상대에 따라 부담스러울 수 있지만
VR 체험은 주변에서 경험해 볼 수 있는 곳이 많으니
한 번 도전해 보세요.

\#
야한
영화

얼마 전에 썸녀와 제가 고른 영화를 봤는데,
노출이 심한 장면이 많이 나왔어요.
그 후로 왠지 어색해진 느낌인데 어떡하죠?

썸에서 연애로

미국 캘리포니아 주립대학교 심리학과 연구진은
남녀 246명을 두 집단으로 나누어
한 그룹에는 이성의 나체 사진을,
다른 그룹에는 물고기 사진을 보여 줬어요.

그 결과 이성의 나체 사진을 본 학생들이
소개팅에 더 적극적으로 참여했고 성공률도 높았는데,
더 개방적이고 사교적이 되기 때문으로 분석했어요.

성적인 상상을 하게 되면
상대방에게 깊은 이야기를 털어놓는 계기가 될 수도 있고
호감도가 높아질 가능성도 있어요.

그러니 야한 영화가 오히려 관계 진전에
도움이 될 수도 있어요.

· · ·

고백하면
친구로도 못 지낼까?

과 동기이자 같은 동아리인 여사친이 있어요.
1년 넘게 옆에서 보다 보니 점점 호감이 생기는데
그녀의 마음을 모르는 상태에서 제 마음을
표현하기가 조심스러워요. 괜히 고백했다가
친구 관계마저 끝나는 건 아닐까 염려되는데,
어떻게 해야 할까요?

썸에서 연애로

그리스의 한 연구진은
여사친에게 호감을 느낀 적이 있는
남성들을 대상으로 고백 여부를 물어봤더니
55%가 고백을 했다고 했어요.

고백 후 22%는 연인 관계로 발전했고
62%는 친구 관계로 남았으며
16%만 둘 사이가 완전히 끝났다고 했어요.

고백은 확률 게임이 아니고
서로의 마음을 확인하는 것일 뿐이에요.
확률적으로 따져 본다고 해도
친구 관계마저 끝날 가능성은 아주 적으니
호감이 든다면 마음을 표현해 보세요.

···

\#
고백을 하지 못하는
이유

그녀에게 고백하기로 계획한 날짜가 다가올수록
부정적인 생각이 들어요.
점점 현실적으로 생각하기 때문일까요?

♡ ◯ ◁

사람은 보통 목표를 정하면 두 가지 상반된 마음이 들어요.
목표를 꼭 달성하고 싶은 마음도 있지만
반대로 목표를 포기하고 싶은 마음도 있지요.
목표를 세우면 처음에는 모든 게 긍정적으로 보여요.

고백을 목표로 정하면 초반에는
상대방이 내 고백을 받아들이는 순간과
그 이후의 장밋빛 일들을 상상하며 자신감을 가지죠.
하지만 아이러니하게도 D-DAY가 다가올수록
포기하고 싶은 마음이 점점 커져요.
심리적 압박감에 의해 목표 달성 가능성도 낮게 여겨지고,
실패 시 그 여파에 대한 우려도 커지기 때문이에요.
이를 '목표 기울기 가설'이라고 해요.

목표 달성에 대한 열망을 의미하는
접근강도의 기울기는 완만하고,
목표 달성을 포기하고 싶은 마음을 뜻하는
도피강도의 기울기는 커서
D-DAY가 다가오면 도피강도가 접근강도보다 커져요.

그래서 D-DAY 직전에 고백하기를 포기하는 경우가 많죠.
고백하기로 정했다가 D-DAY가 다가올수록
자신감이 없어지고 포기하고 싶은 마음이 드는 건
이런 심리적 이유 때문이니 고백하기를 주저하지 마세요.

· · ·

\#
술 얻어먹고 싶다는 후배,
그린라이트일까?

마음에 드는 동아리 후배에게
술을 사 주겠다고 했는데 그녀가 나오겠대요.
저에게 호감이 있는 것이겠죠?

♡ ○ ◁

썸에서 연애로

호주 디킨 대학교 연구진은
남녀가 대화하는 모습을 보여 주며
여성 앞에 맥주잔과 물잔이 놓여 있을 때
각각 어떻게 생각하는지 알아보는 실험을 했어요.

그 결과 남자를 꾀는 것 같다고 대답한 비율은
맥주잔을 앞에 둔 남녀 대화를 본 그룹이 더 높았어요.
특히 남성 참가자들은 맥주잔 앞의 여성을 보며
남자를 유혹하고 스킨십을 원하는 것 같다고
대답한 경우가 압도적으로 많았습니다.

연구를 이끈 에릭 교수는
"남자는 여자의 마음보다 두 사람이 어디 있는지,
주변에 뭐가 있는지를 보고 분위기를 판단한다."
라고 분석했어요.

그러니 남성 특유의 착각 가능성을 고려하세요.
그녀가 ○○님과 술 마시는 건 술이 좋아서 마시는 것이지
○○님이 좋아서 마시는 것이 아닐 수 있어요.
착각은 썸 시그널 파악에 방해가 될 수 있습니다.

· · ·

# #
남의 떡이
커 보인다?

예전 썸녀와 다정하게 찍어 올린 SNS 사진에
지금의 썸녀가 좋아요를 눌렀어요.
예전 썸녀는 빼어난 외모 때문인지 늘 인기가 많았는데,
지금의 썸녀가 신경 쓰진 않을까요?

썸에서 연애로

미국 캘리포니아 주립대학교 연구진은
남녀 30명을 대상으로
이성 혼자 있는 사진과
커플이 있는 사진을 보여 주며
사진 속 이성과 사귀고 싶은지 물었어요.

그 결과 남녀 모두
매력적인 파트너가 옆에 있는 이성과
사귀고 싶다고 대답했어요.

남성은 파트너의 매력 유무와 상관없었지만
여성은 파트너에게 매력이 없으면 반응이 시들했어요.
그러니 오히려 소개팅녀가 당신을
더 매력적으로 보게 될 기회가 될 수 있을 것 같아요.

···

수험생 연애를 반대하지
말아야 하는 이유

같이 재수 중인 베프가 얼마 전에
학원 같은 반 남자아이와 썸을 타는 것 같아요.
친구로서 말려야겠죠?

♡ ◯ ◁

썸에서 연애로

미국 시러큐스 대학교 연구진은
사랑을 하고 있는 사람이 그렇지 않은 사람보다
인지 능력이 높게 나왔다는 연구 결과를 발표했어요.

이 연구진은 이전 연구에서
사랑에 빠진 사람의 뇌에서는
도파민, 옥시토신, 아드레날린 등의
호르몬이 다량 분비되었다는 걸 발견했는데요.

이 호르몬들은 행복감뿐 아니라
인지 능력이나 기억력과도 연관성이 있어요.

그러니 무조건 반대하진 마세요.
그럴수록 '로미오와 줄리엣' 효과 때문에
오히려 더 사랑에 빠지게 되기도 하니까요.

연애란
무엇인가?

♥ 연애란 무엇인가?

연애를 왜 할까요? 철학적인 질문 같기도 하지만, 솔직한 마음을 들여다보면 의외로 간단하죠. 좋으니까요. 뭐가 좋을까요? 연인이 좋고 사랑스럽다는 개인과 관련된 이유도 있겠지만, 연애 관계 자체가 주는 만족감이 있죠.

사람에게는 상반된 두 가지 욕구가 있어요. 우선, 혼자 시간과 장소를 충분히 누리고 싶은 욕구가 있어요. 자유의 욕구, 독립의 욕구라고 하기도 하죠. 하지만 그런 욕구가 충족되더라도 만족스럽지는 않아요. 그걸 충분히 누릴수록 상반된 욕구인 친밀감의 욕구, 의존 욕구가 충족되지 못하니까요.

연애 관계는 시소와 비슷해요. 처음 연애를 시작하면 친밀감의 욕구, 의존 욕구가 충족되어 안정감과 행복감을 느껴요. 하지만 필연적으로 자유와 독립의 욕구는 덜 충족될 수밖에 없죠. 쉽게 말해 구속받는 느낌이 들고 답답해지고 벗어나고 싶은 마음까지도 들어요.

그러다 보면 점점 관계가 소원해지고, 헤어지고 나면 잠시 해방감을 누립니다. 자유와 독립의 욕구가 충족되니까요. 하지만 역시 상반된 친밀감과 의존 욕구는 충족이 덜 되기 때문에 또 불만을 느끼게 되죠. 그래서 또 만나고 또 헤어지기를 반복하는 거예요.

♥ 상호적인 관계다

그럼 어떻게 해야 할까요? 안정적인 연애 관계를 유지하기 위해서는 상충되는 두 가지 욕구의 균형을 적절하게 맞추는 게 필수예요. 자유와 독립의 욕구는 자기 자신에 대한 배려를 필요로 하고, 친밀감과 의존 욕구는 상대방에 대한 배려를 필요로 하죠. 이 균형이 무너질 때 불안정한 연애 관계가 되는 거예요.

연인보다 자신을 더 배려한다면 결국 서로 소원해지다가 관계가 끝나겠죠. 반대로 연인만 배려한다면 잠깐은 그게 희생과 사랑이라고 생각할 수 있지만 자신도 사람이라서 길게 가지 못해요. 결국엔 그동안 충족되지 못한 자신의 자유와 독립의 욕구 불만이 쌓인 상태에서 엉뚱하게 별것 아닌 것에 화를 내며 표현하게 되죠. 그러면 관계에 문제가 생기고요. 이처럼 연애는 상호적인 관계이기 때문에 자신도 중요하고 상대방도 중요하다는 균형감을 늘 간직해야 해요. 자신도 상대방도 각각 개인의 영역을 존중해 주는 것이 안정적인 연애를 유지하는 중요한 팁이에요.

♥ 극심하게 외롭다면

어떤 사람은 너무 외로워서 연애를 하기도 해요. 그런데 극심한 외로움으로 시작한 연애는 안정적인 관계가 되지 않는 경우가 많습니다. 혼자라서 외로웠던 것이고, 연애를 하면 함께이니 외롭지 않을 것 같은데 현실은 그렇지가 않죠.

그 이유가 뭘까요? 심리적으로 보면, 극심한 외로움은 다른 사람과의 관계에서 오는 게 아니기 때문이에요. 낯설게 느껴지겠지만, 극심한 외로움은 남이 아닌 자기 자신과의 관계에서 와요. 상대방에게 늘 맞춰 주고 늘 배려해 주면 좋은 관계가 유지될 것 같지만, 그만큼 상대적으로 자기 자신에 대한 배려가 줄어들게 되죠. 그때 극심한 외로움과 공허함을 느끼게 돼요. 겉으로는 연애를 잘하고 있는 것 같은데, 속에서는 곪아 가는 것이죠.

그래서 외로움을 해결하려고 연인 관계에서의 친밀감을 지나치게 추구하는 것은 한계가 많아요. 그럴수록 상대방에게 더 초점을 맞추게 되고 자기 자신에 대한 관심과 배려는 점점 없어지거든요. 자기 자신과의 관계가 깨어진 상태가 되면 외로움이 더 심해지는 악순환이 펼쳐져요.

그래서 너무 외롭다면 애인이 아닌 자기 자신과의 관계를 회복하는 게 더 효과적이고 결국엔 더 건강한 연애 관계로 이어져요. 자기 자신과의 관계를 회복하기 위해서는 어떻게 해야 할까요? 조금 구체적으로 말씀드릴게요.

♥ 자기 자신과의 관계를 먼저 회복하라

아마 내가 사랑하는 '남친'이 나를 어떻게 생각할까, 나와 있을 때 '남친이' 어떤 감정을 느낄까에 신경 쓰게 되기 쉬울 거예요. 하지만 반대로, 내가 사랑하는 '내'가 남친을 어떻게 생각하는가, 남친과 있을 때 '내'가 어떤 감정을 느끼는가에 신경을 써야 해요. 남친에게 많이 쏠려 있는 내 관심의 초점을 나에게로 조금씩 가져오는 거죠.

이렇게 내 생각과 감정에 따라 행동을 하다 보면 상대방에 대해 배려하는 행동과 희생은 어느 정도 줄어들 수밖에 없어요. 연인 관계는 나와 남과의 상호적인 관계니까요.

그러다 보면, 나만의 희생과 헌신을 통해 친밀감을 누리던 상대방은 그게 줄어드니 만회하기 위한 무의식적 방책으로 갑자기 나에게 관심을 덜 주는 모습을 보일 수도 있어요. 그 과정이 몹시 괴롭지만 그 고비를 넘겨야 해요. 나에게 관심의 초점을 유지하면서 상대방이 균형 있게 나도 배려해 주든지 나를 떠나가든지 선택하게 놔두세요.

물론 이 과정이 말처럼 쉽지는 않아요. 하지만 친밀감이 조금이라도 덜 느껴지는 게 괴로워서 나 자신을 점점 잃게 되면 결국 연인 관계도 힘들어져요. 그러니 관계에서 건강한 친밀감을 경험하려면 상대방에게 가 있는 초점을 나에게로 많이 가져 오세요.

신기하게도 그렇게 해야 외로움을 덜 느끼고, 편안한 마음으로 수평적인 관계에서 비롯한 안정적인 연애를 할 수 있어요. 그런 의미에서 볼 때 연애란 남과 친해지고 싶어서 시작하지만 결국엔 나와 친해지게 되는 과정이에요.

소개팅에서 연애로

: 호감을 산 뒤 사귀고 싶은 사람 되기

-소개팅 성공 전략-

연애의
꿀팁

•••

매운 음식을
먹어라

다음 주가 소개팅인데,
어떤 음식을 먹는 게 좋을까요?

♡ ◯ ◁

미국 미네소타 세인트 클라우드 대학교 연구진은
여성들을 세 그룹으로 나누어 각각
단맛, 매운맛, 단조로운 맛의 음식을 먹게 하고,
남자 얼굴 사진을 보여 준 뒤
매력도를 점수 매기게 했어요.

그 결과 매력도 점수는
매운맛, 단조로운 맛, 단맛 순이었어요.

자극적인 신체 감각 경험이
상대방에 대한 인식에 긍정적인 영향을
미치는 경우가 많아요.

음식 맛도 마찬가지예요.
소개팅할 때 무난한 음식보다는
조금 매운 음식을 먹어 보는 건 어떨까요?

연애의
꿀팁

•••

웃기는 여성보다
웃는 여성이 매력적이다

첫 소개팅을 앞두고 있는데, 유머 감각이 부족해서
대인 관계에서 조금 위축된 편이라 걱정이 되네요.
요즘은 재미있는 여자가 인기도 많다는데,
잘할 수 있을까요?

♡ ◯ ◁

소개팅에서 연애로

미국 마이애미 대학교 연구진의 설문 결과
남성은 웃음을 유발하는 여성보다
환한 미소를 보이며 자기 말에 웃음으로 반응하는 여성에게
더 매력을 느끼는 것으로 밝혀졌습니다.

보통 남성들은 자신의 유머로
소개팅 분위기를 좋게 해야 한다는 압박감이 있어요.

그런 상황에서 환한 웃음으로 반응해 주면
호감도를 높일 수 있어요.

•••

\#
웃는 표정보다
매력적인 표정

소개팅을 앞두고 표정을 연습 중인 남자입니다.
자연스럽게 웃는 표정이 잘 안 되는데 어쩌죠?

♡ ◯ ◁

소개팅에서 연애로

캐나다 브리티시 컬럼비아 대학교 연구팀은
1,000여 명을 대상으로 다양한 표정을 보여 준 뒤
어떤 모습에 가장 매력을 느끼는지 평가하게 했어요.

그 결과 남성들은 미소 짓는
행복한 모습에 가장 끌린다고 했어요.
반면에 여성들은 상대적으로
남성의 웃는 표정에 매력을 덜 느꼈어요.
웃는 표정보다 자신감 있는 모습에
가장 높은 점수를 줬어요.

웃는 모습은 남녀 관계뿐 아니라
사회생활에도 긍정적인 면이 많아요.
미소도 꾸준히 연습하되
자신감 있는 모습도 연습해 보세요.

# #
큰바위 얼굴이
호감형이다

제 별명이 큰바위 얼굴이에요.

얼마 뒤에 첫 소개팅이 예정돼 있어요.

인기 많은 친구들은 다 얼굴이 주먹만 하던데

저도 소개팅에 성공할 수 있을까요?

♡ ◯ ▷

소개팅에서 연애로

싱가포르 대학교 경영대 연구진이
싱글 남녀 150명을 대상으로
3분 데이트를 진행한 결과
얼굴 면적이 넓은 남성일수록
여성들의 관심을 더 받고
애프터 확률이 높은 것으로 나타났어요.

다른 연구를 보면
얼굴 넓이는 생존력, 적극성, 경제적 성공 등과
연관 있는 것으로 나타났어요.

그러니 얼굴 크기에 대한 자신감을 가지고
적극적으로 소개팅에 임해 보세요.

···

\#
겸손의
중요성

소개팅을 앞두고 있어요.
남자는 자신감이 중요하다는데
제 소개를 조금은 과장되더라도 최대한 포장하는 게
첫인상에 좋겠죠?

♡ ○ ▷

소개팅에서 연애로

미국 호프 대학교 연구진은
남성의 겸손이 로맨틱한 관계 형성에 미치는
영향에 대한 연구 결과를 발표했어요.

여성은 자신을 겸손하게 소개하는 남성에게
더 호감을 보였고,
연애 중인 여성을 대상으로 조사했을 때에는
애인이 겸손하다고 생각할수록
싸운 뒤 더 빨리 관계를 회복하는 것으로 나타났어요.

자기 홍보 시대이지만 남녀 관계에서만큼은
겸손이 중요하다는 점을 잊지 마세요.
첫인상 형성에도 그렇지만
특히 교제 기간이 길어질수록
겸손이 큰 매력으로 여겨지니까요.

···

# #
땀 때문에
걱정이에요

평소 겨드랑이 땀이 많은 편이라
소개팅할 때마다 강박적으로 몸을 씻고 나가고,
땀을 흘리지 않으려고 택시를 타고 장소로 이동합니다.
너무 신경 쓰여 소개팅하기 싫을 지경인데
어떻게 해야 할까요?

♡ ◯ ▽

미국 모넬 연구소에서
한 여성 그룹에게는
남성 겨드랑이에 패드를 24시간 동안
착용하게 한 뒤 그 땀을 추출한 용액을,
다른 여성 그룹에게는 그냥 대조용액을
코 밑에 발라 기분을 물었어요.

그 결과 땀 추출 용액을 바른 여성들이 대조집단에 비해
기분이 편안해지고 긴장이 풀렸다고 했어요.

일부러 오랫동안 씻지 않아
불쾌한 냄새를 풍겨서는 안 되겠지만
자연스러운 땀 냄새는
오히려 상대방의 긴장을 완화시켜 줄 수 있으니
땀에 대해 조금은 편안한 마음을 가져 보세요.

•••

\#
관심 분야에
공통점이 없으면?

소개팅에서 관심 분야에 대한 이야기를 나눴는데,
별로 공통점이 없는 것 같아 좀 씁쓸해요.
그래도 마음에 들어서 애프터를 요청했고
다시 만나기로 했는데 어떤 이야기를 해야 할까요?

♡ ○ ◁

소개팅에서 연애로

서로의 유사성을 찾는 게 이성 관계에서 중요하지만
그 밖에도 여러 요건이 있으니 너무 아쉬워하지는 마세요.

미국 오클라호마 대학교 연구진은
참가자들에게 각종 일상 소재에 대한
두 사람의 대화를 들려줬어요.

실험 결과 같은 걸 좋아하는 사람보다
같은 걸 싫어하는 사람에 대한 친밀도가 33%나 높았답니다.

싫어하는 걸 공유하는 건
심리적으로 '그들'과 '우리'라는 편을 나누기 때문에
친밀감을 증대시키는 효과가 있어요.

그러니 다음 만남에서는
억지로 좋아하는 공통점을 찾기보다는
서로 싫어하는 것이 통하는 게 있는지 확인해 보세요.
그리고 여성분이 싫어하는 것에 공감해 주세요.

· · ·

\#
남자의 얼짱 각도는
다르다

소개팅을 앞두고 프사를 새로 찍어 올리고 싶은데,
어떤 포즈로 셀카를 찍을지 고민입니다.
남자로서 왠지 조금 쑥스러워도
흔히 얼짱 각도라고 알려진 방식으로 찍는 게 좋을까요?

소개팅에서 연애로

호주 뉴캐슬 대학교 심리학과 연구진은
남녀 참가자들에게 얼굴 각도가
다른 5가지 사진을 보여 주고
어느 사진이 가장 매력적으로 보이는지 조사했어요.

그 결과 남성은 여성이 고개를 앞으로 내밀고
위로 올려다보는 모습을,
여성은 남성이 고개를 약간 뒤로 젖히고
아래로 내려다보는 모습을
가장 매력적으로 느꼈어요.

흔히 알려진 얼짱 각도는
여성이 매력적으로 보이기 위한 각도죠.
남성 입장에서 매력적으로 보이려면
그와 반대로 찍어 보는 게 좋을 것 같아요.

연애의
꿀팁

· · ·

밝은 곳 vs
어두운 곳

소개팅 장소로 밝은 곳과 어두운 곳 중에서
어느 곳이 더 좋을까요?

♡ ◯ ◁

소개팅에서 연애로

한 실험에서, 서로 모르는 남녀 몇 명을
한 그룹은 밝은 방에서,
다른 한 그룹은 어두운 방에서
1시간 동안 있게 했어요.
1시간 뒤 어떻게 되었을까요?

밝은 방에서는 일상적인 이야기만 나누고
신체 접촉이 전혀 없었는데
어두운 방에서는 자리도 서로 옮기며
적극적으로 대화하고 개인적인 이야기도 많이 하고
가벼운 스킨십을 하기도 했어요.
어둠이 심리적으로 어떤 작용을 하기 때문일까요?

사람은 어두울 때에 무의식적으로 공포를 느끼고
옆 사람을 의지하게 돼요.
어두우면 나를 향한 타인의 시선에서 벗어났다는 생각이
안도감을 주기 때문에 타인에 대한 경계심이 줄어들고
자기 자신을 오픈하기 쉬워져요.

칠흑같이 캄캄한 곳에 가라는 말은 아니에요.
장소를 선택할 때 너무 환하고 밝은 곳보다는
은은한 조명이 있는 곳을 선택하는 게
유리하다는 것 기억하세요.

연애의
꿀팁

•••

깊은 관계로
이끄는 대화

소개팅 후 몇 번 만났는데
피상적인 이야기에서 벗어나고 싶어요.
좋은 방법이 있을까요?

♡ ◯ ▽

소개팅에서 연애로

소개팅 후 몇 번의 만남이 이어지더라도
깊은 대화가 자연스럽게 이루어지는 건 아니죠.
자신의 좋은 면만을 보여 주기 때문인데요.
이를 '자기 제시'라고 합니다.

하지만 이런 대화만 반복되면
좀 더 깊은 관계로 발전하기가 어렵죠.
그때에는 '자기 개시'를 해야 해요.
보여 주고 싶은 모습만 보여 주는 게 아니라
보여 주기 꺼려하는 부분도 조금은 보여 주는 거예요.
그래야 오히려 친밀감이 형성되어 관계가 좀 더 진전됩니다.

여기에서 중요한 팁은
아무에게나 알려 주지 않는 비밀을
당신에게만 말한다는 뉘앙스를 풍기는 거예요.
이성 관계의 진전을 원한다면
자신을 점차 오픈하세요.

연애의
꿀팁

· · ·

#
오를 수 있는
나무

소개팅이 처음인 새내기입니다.
부끄러운 듯 시선을 똑바로 쳐다보지 않는 게
아무래도 쑥스러운 소녀 이미지 구축에 유리하겠죠?

♡ ◯ ◁

소개팅에서 연애로

영국 애버딘 대학교 심리학과 연구진은
230명의 남녀를 대상으로
눈 마주침 유무, 웃는 표정과 무표정 등
다양한 표정의 사진을 보여 주고
호감도를 평가하게 했어요.

그 결과 자신에게 시선을 똑바로 맞춘 채
웃고 있는 얼굴에 훨씬 큰 호감을
느끼는 것으로 나타났어요.

시선 맞춤이나 미소 등은 호감의 '단서'이기 때문에
상대방에게 '오를 수 있는 나무'라는 인식을 주는 것이죠.

남성은 상대방이 아무리 매력적이어도
호감의 단서를 보이지 않는 사람에게
구애하는 것은 쓸 데 없는 시간 낭비라는 생각을 합니다.

그러니 상대방이 마음에 들면
미소 지으며 눈 마주침을 정확하게 해 보세요.

# #
장단점 중에
뭘 먼저 말할까?

소개팅을 주선하게 되었는데,
그 사람의 장단점을 솔직히 알려 달라네요.
장단점 중 어떤 걸 먼저 말할까요?

♡ ◯ ▷

미국의 사회심리학자 애쉬는
두 사람의 성격에 대한 정보를 먼저 제시한 다음
실험을 진행했어요.

A는 똑똑하다, 근면하다, 충동적이다,
비판적이다, 고집스럽다, 질투심이 많다.
B는 질투심이 많다, 고집스럽다, 비판적이다,
충동적이다, 근면하다, 똑똑하다.

단어 순서만 바뀌었을 뿐인데
실험 참가자들은 A에 대해 더 긍정적인 반응을 보였어요.
상반되는 정보가 시간 간격을 두고 주어질 때
앞의 정보가 인상 형성에 더 큰 영향을 미치기 때문인데,
이를 '초두 효과'라고 해요.

그러니 기왕이면 장점부터 이야기하세요.

연애의
꿀팁

· · ·

남자에게
호감을 사는 꿀팁

소개팅 예정이에요.
미리 연락처를 받아 저장했는데,
카톡에 뜬 남성분의 프사를 보니 완전 제 스타일이에요.
잘해 보고 싶으니 꿀 팁 좀 주세요.

♡ ◯ ◁

소개팅에서 연애로

프랑스의 한 연구진은
스피드 데이트 행사에 참가한
일부 여성에게 사전에 요청을 했어요.
파트너의 말과 보디랭귀지를
눈치 채지 못할 정도로 따라 하라고요.

남성이 "정말 그래요?"라고 물으면
"예~ 정말 그래요!"라고 하고,
남성이 무의식적으로 귀를 만지면
몇 초 후에 자신도 귀를 만지라는 식이었어요.

이후 설문지를 분석한 결과
남성들은 자신을 따라 한 여성을
더 섹시하다고 느꼈고
그만큼 더 애프터 신청을 하고 싶어 했어요.

그러니 소개팅에서 남성분의 말과 습관적 행동을
눈치 채지 못할 정도로 조금 따라 해 보세요.

연애의
꿀팁

· · ·

비싼 음식을
사 주는 남자

어제 소개팅 애프터를 했어요.

소개팅 때에는 가볍게 식사했는데,

어제는 소개팅남이 근사한 코스 요리를 사 줬어요.

저에게 호감 있는 게 맞을까요?

소개팅에서 연애로

스웨덴 칼스타드 대학교 연구진은 남녀를 대상으로
호감이 가는 상대와 먹고 싶은 음식을
알아보는 실험을 했어요.

그 결과 상대가 마음에 들수록
남성은 더 비싸고 고급스러운 음식에 대해,
여성은 채소나 견과류 등 몸에 좋은 음식에 대해
선호도가 증가했어요.

음식 선택에서도
남성은 자신의 경제적 능력을 어필하고 싶고,
여성은 자신이 몸매를 관리한다는 점을 어필하려는
경향이 있는 것 같아요.

그런 의미에서 보면
소개팅남이 호감을 가졌을 가능성이 있는 것 같아요.
좋은 관계로 진전되길 응원합니다.

연애의
꿀팁

• • •

금강산도
식후경

소개팅을 앞두고 있어요.
함께 식사를 하는 게 진지한 대화에
오히려 방해가 되는 것 같아서
간단히 차만 마실까 하는데 괜찮을까요?

♡ ◯ ◁

소개팅에서 연애로

미국 펜실베이니아 대학교 연구진이
젊은 여성들을 대상으로 조사한 결과
배가 고플 때보다는 식욕이 충족되었을 때
연애 감정에 더 적극적으로 반응하는 것으로 나타났어요.

식욕이 충족되어야
연애 감정과 같은 다른 본능이 활성화되니까요.
그래서 갈등 상황인 연인과의 대화도
식사를 함께하며 나눌 때 훨씬 좋은 결과가 있는 거죠.

소개팅녀가 식욕이라는 본능을 충족하여
연애 본능에 민감해질 수 있도록
가급적 식사를 하는 게 어떨까요?

•••

# #
입맛이 통하는 건
중요하다

저는 입맛이 아주 까다로워 늘 고민인데,

얼마 전에 소개팅에서 같은 입맛을 가진 남자를 만났어요.

그 사람 생각이 자꾸 나는데,

내가 같이 밥 먹을 사람을 찾은 거였나 하는 자괴감이 들어요.

♡ ○ ◁

소개팅에서 연애로

폴란드의 한 연구팀이
100쌍의 커플 입맛을 조사했어요.
여러 음식을 맛보게 하면서
어떤 맛이 좋거나 싫은지 물어봤죠.

그 실험 결과
입맛이 비슷한 사람들일수록
연애가 오래 지속되었다고 해요.

만족스러운 관계를 유지하는 데
나와 같은 음식을 좋아하거나
같은 음식을 싫어하는 게
아주 큰 영향을 미치기 때문이에요.

그러니 밥 먹을 사람을 찾았던 건 아닌 것 같아요.
자괴감보다는 좋은 인연을 만났다고 생각해 보세요.

연애의
꿀팁

•••

같은 음식을
골라라

내일 소개팅 예정인 모솔이에요.
상대방이 먼저 음식을 고르도록 배려한 뒤에,
저는 다른 음식을 시켜서
함께 나눠 먹으면 어떨까 생각하는데 괜찮을까요?

소개팅에서 연애로

미국 시카고 대학교 연구진은
한 그룹은 같은 음식을 주고
다른 그룹은 다른 음식을 준 뒤
어떤 주제에 대해 대화하게 했어요.

그 결과 같은 음식을 먹은 그룹이
서로에 대한 화학 반응이나 친밀감 수치가 높고
합의하는 속도도 2배 정도 빠른 것으로 나타났어요.

그러니 기왕이면 같은 음식을 고르세요.
그리고 애프터를 하게 된다면
또 상대방과 같은 걸 주문하면 줏대 없어 보일 수 있으니
메뉴가 제한적이거나 코스 요리가 있는 곳을
예약하는 것도 좋을 것 같아요.

•••

# #
디저트 온도의
중요성

드디어 소개팅을 합니다.

그런데 요즘 날씨가 애매해서 따뜻한 디저트를 먹을까,

시원한 디저트를 먹을까 고민이에요.

♡ ◯ ▽

소개팅에서 연애로

미국 예일 대학교 연구진은 두 그룹으로 나누어
각각 차가운 커피와 뜨거운 커피를 손으로 들게 했어요.
이후 가상의 인물을 설명한 뒤 어떻게 생각하는지 물었어요.

그 결과 따뜻한 커피 그룹은
그 사람을 너그럽고, 부드럽고, 사교적이라고 평가했어요.
반면에 차가운 커피 그룹은
그 사람을 불편하고, 무뚝뚝하다고 평가했어요.

연구진은 인체의 온도 변화가
심리적 안정감을 느끼게 하고, 만족도를 높이며,
상대방에 대해 긍정적으로 보게 한다고 설명했어요.

그러니 기왕이면 따뜻한 디저트뿐만 아니라
장소도 따뜻하고 포근한 곳으로 알아보는 게 어떨까요?

연애의
꿀팁

· · ·

술 마실 때
남자의 시선

언제부턴가 소개팅에서 술을 많이 마시게 되는데,
긴장이 풀려서 유머도 잘되는 것 같아요.
하지만 술자리에서 소개팅녀를 보면 야한 상상도 가끔 들고,
내가 이러려고 소개팅을 하나 하는 자괴감마저 듭니다.

소개팅에서 연애로

미국 네브래스카 링컨 대학교 연구진은
남성 참가자를 두 그룹으로 나누어
알코올음료와 가짜 알코올음료를 제공한 뒤
시선 추적 장비로 남성을 살펴봤어요.

그 결과 술을 마신 남성들은
여성의 얼굴보다 가슴과 허리에
훨씬 더 오래 집중했다고 해요.

연구를 주도한 아비게일 리머 박사는
"술이 있는 환경에서 남성은
여성을 성적 대상으로 바라볼 확률이 높아진다."
라고 설명했어요.

그러니 진지하게 여성을 만나 보고 싶다면
조금은 긴장되더라도 술을 자제하고
맨 정신에서 만남을 가져 보세요.

연애의
꿀팁

•••

애프터 신청받는 꿀팁

올해만 소개팅을 10번도 넘게 했어요.
다들 제게 말을 참 잘한다고 하는데,
애프터 신청은 아무도 안 받아 주네요.
뭐가 문제일까요?

♡ ◯ ◁

소개팅에서 연애로

미국 하버드 대학교 연구진은
110명 남녀를 대상으로
무작위로 소개팅을 시켜 주고 대화를 분석해서
애프터 확률을 높이는 요소를 찾았어요.

분석 결과 상대방에게 질문을 많이 할수록
애프터 확률이 높아지는 것으로 나타났어요.

사람들은 대부분 자기 자신을 설명하고
이해받는 데서 행복을 느끼죠.
그런 기회를 마련해 준다는 의미에서
질문을 많이 한다는 건 호감을
얻을 수 있는 좋은 방법이에요.

그러니 다음 소개팅에서는
자신의 이야기는 줄이고 질문을 많이 하며
상대방의 이야기를 들어 보세요.

• • •

# #
이불킥하지 말고
반전을 노리자

소개팅에서 만난 여성이 마음에 들었는데도
너무 떨려서 말도 제대로 못하고
무뚝뚝하기만 했던 것 같아요.
집에 돌아와 이불킥을 했는데,
다행히 애프터 신청을 받아 주네요.
첫인상이 중요하다는데 관계가 진전될 수 있을까요?

소개팅에서 연애로

미국의 한 사회 심리학자는
'득실 효과'라는 연구 결과를 발표했어요.

자신에게 지속적인 관심을 보이는 사람보다,
처음에는 호감을 보이다가 무관심해지는 사람보다,
처음에는 무관심하다가 점차 호감을 보이는 사람을
더 좋아하게 된다는 것이에요.

사람은 기존의 이미지와 정반대되는 모습을 발견하면
정서적 무방비 상태가 되고
이때 새로 인식되는 이미지는 영향력이 강합니다.

그러니 두 번째 만남에서 '득실 효과'를 노리고
조바심이 아닌 편안한 마음으로
호감을 진정성 있게 표현해 보세요.
반전의 매력을 어필할 수 있을 거예요.

연애의
꿀팁

· · ·

\#
선을 많이 볼수록
좋을까?

선을 많이 볼수록 사람 보는 눈이 생긴다고 해서
최근 매주 선을 보고 있어요.
그런데 오히려 점점 눈만 높아지는 느낌이에요.

♡ ◯ ◁

소개팅에서 연애로

영국 에든버러 대학교 연구진은
남녀 약 3,600명을 대상으로
3분간 데이트를 하게 한 뒤
참여자를 두 그룹으로 나눠
한 그룹은 평균 19명 가운데 한 사람을,
다른 그룹은 평균 28명 가운데 한 사람을
애프터 상대로 고르게 했어요.

그 결과 선택의 기회가 많았던 그룹은
상대방의 외모에만 치중하는 모습을 보였어요.

사람의 뇌는 단기간에 많은 정보를 처리해야 할 때
집중도는 떨어지고 압박감은 높아져
섣불리 평가하고 결정하게 돼요.

그러니 선을 너무 자주 보는 것보다는
편안한 마음으로 만나고 신중하게 고민할 수 있도록
적절히 시간차를 두고 보는 게 좋겠어요.

· · ·

# #
소개팅 날짜
선택법

소개팅 날짜가 하필 생리 직전이네요.

평소 그 시기에 특히 예민해지는 편이라 고민인데

미루는 게 나을까요?

♡ ◯ ◁

소개팅에서 연애로

미국 플로리다 주립대학교 연구진은
여성의 생리 주기에 따라
남자가 느끼는 매력도가 달라지는지
실험을 해 보았어요.

각각 배란기와 생리 중인 여성이
입었던 티셔츠, 그리고 새 티셔츠
총 3가지를 준비했어요.
남성들에게 냄새를 맡게 한 뒤
남성 호르몬 수치를 확인했어요.

남성 호르몬 수치는
매력적인 이성을 만날 때 증가하는데
배란기, 새 티셔츠, 생리 중 순이었어요.

그러니 가뜩이나 예민한데 굳이 생리 기간에
소개팅을 할 필요는 없을 것 같아요.

기왕이면 조금 더 미뤄서
배란기 때 만나 보는 건 어떨까요?

•••

# #
레스토랑
자리 선택법

소개팅을 앞두고 있어요.
레스토랑을 예약하려는데 아무래도
전망 좋은 창가석이 낫겠죠?

♡ ○ ▽

소개팅에서 연애로

스웨덴 룬드 대학교 연구팀은
988명의 남녀 참가자가 앉은 자리를
창가에서 떨어진 정도로 4개 그룹으로 나눠
상대방에 대한 호감도 변화를 조사했어요.

그 결과 창문에서 가장 가까운 그룹의 호감도가
가장 크게 상승했어요.
창문과 먼 곳에서는 풍경보다는 상대방에게
지나치게 집중하게 되어 부담을 줄 수 있고,
상대방의 일거수일투족에 예민하게 반응할 수 있어요.

가급적 전망 좋은 레스토랑의
창가석으로 예약하는 게 좋겠어요.

# #
빨간 옷 입은 여자

소개팅에 어떤 색 옷을 입고 나갈지 고민입니다.
저는 붉은 색 계통이 잘 어울린다는데
너무 튀어 보이진 않을까 걱정됩니다.

소개팅에서 연애로

미국 뉴욕 로체스터 대학교 심리학 연구진은
남성 96명을 대상으로
동일한 여성이 빨간색, 녹색, 하얀색 셔츠를
입은 사진을 보여 주고 어떤 색의 셔츠를 입었을 때
더 매력을 느끼는지를 알아보는 실험을 했어요.

그 결과 남성들은 빨간색 셔츠를 입었을 때
가장 이성적인 매력을 느낀다고 했어요.
빨간색 옷을 입은 여성이 남성의 이성적 접근에
가장 긍정적인 반응을 보일 것이라고
기대했기 때문이라고 해요.

마침 평소에 잘 어울리는 옷이기도 하니
빨간색 옷을 입고 나가는 것도 괜찮겠어요.

\#
꿀잠의
중요성

이번 주말에 소개팅이 있어요.

그런데 요즘 일이 많아 잠이 부족해서 그런지

주변 사람들이 제게 많이 힘들어 보인다고 하네요.

제 첫인상에도 영향을 주면 어쩌죠?

스웨덴의 한 연구팀은
전날 밤 8시간 이상 잔 사람들과
31시간 이내에 잠을 자지 못한 사람들의 사진을 찍어
참가자들에게 평가하게 했어요.

그 결과 잠을 자지 못한 사람들은
덜 건강하고 우울해 보이는 등
덜 매력적이라는 평가를 받았어요.

한정된 시간에 호감을 사야 하는 소개팅에서는
첫인상이 아주 중요하니
아무리 바빠도 소개팅 전날에는 푹 주무세요.

연애의
꿀팁

· · ·

쩍벌남

몸집이 큰 편이라 그런지
다리를 벌리고 앉는 습관이 있어요.
얼마 뒤에 소개팅이 예정돼 있는데
방심하고 앉으면 자칫 예의 없어 보일까 우려되네요.

♡ ◯ ▽

소개팅에서 연애로

미국 UC 버클리 대학교 연구진은
남녀 144명을 대상으로
소개팅 및 단체 미팅을 진행하며
남성들에게 각각 다리를 넓게 벌려 자신감 넘치는 포즈와
움츠러드는 느낌이 드는 포즈를 취하게 했어요.

그 결과 다리를 넓게 벌리며
자신감 넘치는 포즈를 취한 남성들이
여성들로부터 애프터 신청을 받는 경우가 더 많았어요.

포즈나 몸동작은 단순 행동일 뿐 아니라
대인 관계에서 개방적인 느낌을 주기 때문에
특히 초면일 때 호감을 얻기 쉬우니
평소대로 편한 자세로 만나면 될 것 같아요.

· · ·

\#
기타 멘
남자

소개팅 직전에 동아리
공연 연습이 잡혀서 기타를 메고 가야 할 것 같아요.
혹시 음악에 너무 빠진 느낌을 주지는 않을까요?

소개팅에서 연애로

프랑스 브르타뉴 대학교 연구진은
여성 300명을 대상으로
처음 보는 남성이 각각 기타 케이스, 스포츠 백, 빈손으로
다가가 말을 건네며 휴대폰 번호를 물어보는 실험을 했어요.

그 결과 기타 케이스는 31%,
스포츠 백은 9%, 빈손은 14%의 여성이
휴대폰 번호를 알려 줬어요.

비슷한 다른 실험 결과도 있는데
여성은 악기를 다루는 남성에 대한
로망을 갖고 있는 경우가 많아요.

그러니 기타를 메고 가는 게 오히려
소개팅녀에게 호감을 줄 수 있을 것 같아요.

· · ·

# #
아이를 좋아하는
남자

아이들을 너무 좋아해서
유아교육과에 진학해 공부하고 있어요. 소개팅 예정인데,
혹시 제 전공이 주는 여성적인 느낌 때문에
호감을 사는 데 지장이 있으면 어쩌죠?

♡ ◯ ◁

소개팅에서 연애로

여성은 아이들을 좋아하는 남성 사진을 볼 때
그 남성에게 육체적인 호감을 느낄 뿐 아니라
배우자로서의 매력도 느낀다고 해요.

본인 전공에 대한 자부심을 가지는 건 기본이고
아이를 좋아하는 마음까지 적극적으로 어필해 보세요.

더구나 과친구들 중에 여성이 많기 때문에
여성과 자연스럽게 대화를 나눌 수 있는 부분도
소개팅녀에게 호감을 얻는 데 유리할 것 같아요.

· · ·

# #
시간이
빨리 간다면

오랜만에 선을 봤어요. 참 즐거웠는데
그 시간이 너무 빨리 지나간 것 같아 아쉽네요.
오랜만이라 그런 걸까요?

♡ ◯ ◁

소개팅에서 연애로

캐나다 토론토 대학교 연구진은
대학생들을 대상으로 이성과 8분간 대화를 하게 한 뒤
상대가 매력적이었는지 여부와
대화를 얼마나 한 것 같은지를 물었어요.

그 결과 호감 없는 상대인 경우 평균 9.3분,
호감 있는 상대인 경우 6.5분으로 나타났고
호감 있는 상대와의 대화를 훨씬 자세히 기억했어요.

그러니 단순히 오랜만이라기보다는
상대방에 대한 호감으로 봐도 될 것 같아요.
애프터 만남도 가져 보는 게 어떨까요?

연애의
꿀팁

• • •

# #
주선자에게
거절을 표현하는 법

소개팅을 했는데
상대방이 마음에 들지 않아요.
주선자에게 어떻게 말을 해야 하나 고민이에요.

♡ ◯ ◁

소개팅에서 연애로

이런 고민을 많이 하는 사람은
다른 일상생활에서도 거절을 부담스러워하지요.
강조하고 싶은 건 거절은 절대 나쁜 게 아니라는 점이에요.
그러니 미안하다는 표현은 하지 마세요.

첫째, 또 만나고 싶지 않다고 단호하게 말씀하세요.
주선자와 상대방을 배려한답시고
좀 더 좋게 말하거나 돌려 말하지 말란 거예요.
"살짝 좋은 것 같기도 하고 아닌 것 같기도 하고
내 마음을 잘 모르겠어."는 NO!
결과적으로는 배려가 아닌 희망고문을
하게 되는 격이니까요.

둘째, 거절하는 정확한 이유를 말씀하세요.
소개해 준 건 고마운데 내 스타일이 아니라고 말하면 돼요.
갑자기 일이 많아져 마음의 여유가 없다는 식으로
핑계를 대는 건 NO!
또 다른 소개팅이나 만남의 기회가 있을 때
주선자에게 비밀을 만들고
이를 지키느라 오히려 관계가 멀어지니까요.

연인의 흔한
다툼패턴

♥ 성인애착

연인과의 관계를 통해서 느끼는 친밀감은 다른 인간관계와는 좀 다른 부분이 있어요. 연인 관계가 지속되고 길어질수록 더 두드러지는 특성이 있는데, 심리 용어로는 성인애착을 형성한다고 해요. 애착은 어릴 때 아이가 부모와 맺는 유대감이라고 알고 있을 텐데, 최근에 성인에게도 애착 욕구가 있다는 점들이 점차 부각되고 있어요.

아이는 부모와 맺는 안정적인 애착 관계를 통해서 '기본적인 신뢰감'을 형성하게 돼요. 그게 있어야 자기 자신을 괜찮은 사람으로 여기게 되고, 그래야 앞으로 이 세상을 경험하고 다른 사람을 만날 때에도 지나친 불신과 두려움이 아닌 편안한 마음으로 대할 수 있게 돼요.

이런 애착 관계는 부모뿐 아니라 성인이 된 이후 연인과의 관계를 통해서도 이루어져요. 단순히 친해지는 수준이 아니라 서로 의지하며 맺는 신뢰감이 결국에는 자기 자신의 존재감, 이 세상과 다른 사람을 향한 신뢰감으로 이어지는 거예요. 다른 관계에서는 경험하지 못한 비교할 수 없는 안정감이기 때문에 심리적인 만족감이 아주 커요.

♥ 애착 손상으로 인한 다툼

하지만 이런 애착 관계가 흔들리는 경험을 하게 되면 엄청난 두려움을 느끼게 돼요. 단순히 연인과 일시적으로 멀어지거나 연인 관계가 끝나는 정도로 여겨지는 게 아니라, 자기 자신의 존재 자체가 흔들리는 느낌, 이 세상에 대한 신뢰가 흔들리는 느낌을 받게 되는 거예요. 그래서 조금이라도 그런 느낌을 받게 되면 자기도 모르게 과민반응을 하게 되죠. 혹시나 애착 관계가 깨질까 봐 미리 방지하는 거죠.

예전에는 늘 내가 우선순위였던 남친이 내가 아닌 다른 영역에 흥미를 가지게 되고 취미 생활을 하느라 나와 함께하는 시간이 줄어드는 경험을 할 때가 있죠. 머리로는 연애 관계의 상호성과 균형 감각을 생각하고 존중하더라도 마음은 그렇지 않을 수 있어요. 엄청난 불안을 느낄 수가 있어요. 초반에는 내색하지 않다가 그런 불안감이 쌓이다 보면 결국에는 한 가지 사건을 통해 터져 나오게 되죠.

잠시 연락이 안 되는 상황에서 전화 연결을 수십 번 시도하기도 하고, 그 시간에 뭘 했는지 꼬치꼬치 따지기도 하고요. 상대방을 비난하면서도 동시에 집착하는 모습을 보이게 돼요. 그런 행동 이면에는 남친이 멀어지는 느낌이 너무 불안해서 다시 가까워지려고 하는 마음이 있어요.

하지만 남친 입장에서는 여친의 행동이 애착 손상으로 인한 불안 때문이라고 해석하지 못하고, 자신을 추궁하고 비난하고 집착하는 행동만 인지하게 됩니다. 남친은 여친의 그런 모습이 당황스럽기도 하고 자꾸 추궁하는 게 부담스러워 우선 조금 거리를 두게 됩니다. 정면으로 맞붙었다가는 어떤 다툼이 벌어질지 모르고, 최악의 경우 관계가 깨진다면 그것 역시 자신에게는 애착 손상이기 때문에 그 불안감에 거리를 두게 되는 것이죠.

남친은 둘 사이의 관계를 지키기 위해 거리를 두는 건데, 이는 여친에게도 남친의 이면에 있는 심리는 보이지 않고 자신으로부터 멀어지고 싶어하는 남친의 행동만 보이게 돼요. 그래서 여친은 그 거리를 좁히기 위해 더 쫓아가고, 남친은 다시 넓히기 위해 더 도망가는 악순환이 펼쳐집니다. 이게 바로 '추격형 여자 – 회피형 남자'라는 흔한 다툼 패턴이에요.

♥ 덜 추격하고 덜 회피하기

이런 악순환에 빠져 서로 지쳐 있다면, 추궁하고 회피하는 각자의 행동에 대한 비난을 멈추세요. 그 이면에 있는 나와 상대방의 심리를 모두 이해해 보세요. '나를 비난하고 추궁하고 집착하듯 보이지만, 우리 관계가 소원해질까 봐 얼마나 마음이 불안하면 그럴까?', '나를 피하는 것 같고 도망가는 것 같지만 우리 관계에 무슨 일이 생길까 얼마나 두려우면 그럴까?'라는 식으로요.

그리고 각자 조금 덜 추격하고 조금 덜 회피해 보세요. 도망가니까 쫓아가고, 쫓아오니까 도망갔지만 덜 도망가면 덜 쫓아가게 되고, 덜 쫓아가면 덜 도망가게 되는 식으로 악순환을 고칠 수 있어요.

1일에서 1,000일로
: 더 깊은 관계로 발전하며
안정적으로 신뢰 관계 구축하기

-연애에서 결혼으로-

# #
친구와의 연애 상담이
도움이 될까?

친구들에게 저의 연애 고민을 자주 이야기하는 편이에요.

그런데 친구들은 늘 헤어지라는 식으로 말하더라고요.

그런데 문제는 결국 친구들 말을 듣고 나서

구남친과 헤어졌다는 거예요.

제가 귀가 얇은 걸까요?

♡ ◯ ◁

1일에서 1,000일로

미국 이스트 캐롤라이나 대학교 연구진은
연인 관계에서 문제가 생겼을 때 친구에게 고민 상담을 하면
깨질 확률이 33%나 증가한다고 밝혔어요.

그 이유는 여성들의 친구는 대부분
남자친구를 좋지 않게 생각하기 때문이에요.
하지만 친구와의 연애 상담이
이별의 원인은 아니에요.

연인과 직접 그 고민을 나누지 않는 것 자체가
연인 간에 친밀도가 떨어진 증거라고 분석했어요.

오히려 솔직히 연인에게 문제를 털어놓으면
이별할 확률이 반으로 줄어든다고 해요.

그러니 귀가 얇다고 생각하기보다는
친구들에게 연애 상담을 하는 것 자체가 이미
연애 관계가 순탄치 못한 증거라고 생각하세요.
앞으로는 친구가 아닌 남친에게
직접 솔직하게 고민을 털어놓으세요.

# #
사랑의
3요소

요즘 연애 관계에서 갈등이 자꾸 생기네요,
이상적인 연애란 무엇일까요?

♡ ◯ ◁

균형 있는 연애를 하고 있는지
체크하는 법을 알려 드릴게요.

미국의 심리학자 로버트 스턴버그는
이상적인 사랑의 3요소를 친밀감, 열정, 헌신이라 했어요.
이 3요소가 정삼각형에 가까울수록
이상적인 사랑이라 했는데,
이를 사랑의 삼각형 이론이라 해요.

중년부부나 오래된 연인의 경우
친밀감과 헌신은 강하지만 열정이 부족한 경향이 있죠.
연애 초기에는 친밀감과 열정은 강하지만
헌신은 부족한 경향이 있고요.
오직 열정만 강하고 친밀감과 헌신은 부족한 사랑을
'짝사랑'이라고 하죠.

연인들은 지금 자신들의 관계에서
사랑의 3요소가 어떤 경향을 띠고 있다고 생각하는지
서로 이야기하는 시간을 가져 보세요.

···

# #
여자가 더 좋아하면
끝이 안 좋을까?

제가 먼저 남친에게 대시를 했고,
다행히 남친도 절 좋아해 줘서 사귀게 되었어요.
시작도 그랬지만 연애 중인 지금도 남친보다
제가 더 좋아하는 느낌이 자주 들어요.
보통은 남친이 더 좋아하는 것 같던데,
이러다가 헤어지게 되는 건 아닐까 늘 불안해요.

1일에서 1,000일로

미국 덴버 대학교 연구진이
315쌍의 커플을 대상으로 설문 조사를 한 결과
커플 중 35%는 한쪽이 상대방을 더 많이 좋아했어요.

이 커플들을 대상으로 2년간
관계가 어떻게 변하는지 추적했어요.
2년 동안 헤어진 비율이
남성이 더 좋아하는 커플은 54%,
여성이 더 좋아하는 커플은 29%였어요.

여성은 헌신하면 할수록
관계를 잘 유지하려고 노력하기 때문에
남성이 더 좋아하는 것보다
연인 관계를 유지하는 데 더 긍정적이에요.
그러니 불안해하지 말고 예쁘게 사랑하세요!

# #
매일 만나야 한다는
여친

여친이 매일 저를 만나고 싶어 해요.

동호회 모임을 가려 하면

동호회가 자기보다 더 소중하냐면서 삐치네요.

이해는 되지만 그럴 때마다 답답해요.

여친도 좋지만 제 취미도 포기하기 싫은데 어떡하죠?

♡ ◯ ◁

미국 퍼듀 대학교 연구진은
연애 중인 남녀를 대상으로 한 실험에서
애인에 대한 공통적인 불만을 발견했어요.

연인 관계를 통해서 성장하고 있다는 느낌을
받지 못한다는 것이었어요.

연인 관계는 중요한 인간관계에요.
상대방에 대한 배려도 중요하지만
자기 자신의 정체성을 잘 유지해야
오히려 안정적인 연애를 할 수 있어요.
이상적인 이성 관계는 두 사람 모두 성장하는 관계니까요.

그러니 여친 말에 흔들리지 말고
여친도 취미나 자기계발을 할 수 있게 도와주세요.

\#
그녀에겐
시간이 필요하다

연애한 지 한 달 정도 되었어요.
저는 매일 보고 싶고 항상 그녀 생각뿐인데,
그녀는 그만큼 저를 사랑하지 않는 것 같다는 생각이 자꾸 드네요.

♡ ◯ ▽

미국 펜실베이니아 대학교 심리학과 연구진이
172명의 대학생을 대상으로
사랑에 빠지는 시간을 조사했어요.

그 결과 남성은 몇 주 안에 사랑에 빠질 수 있지만
여성은 몇 달이 소요되는 것으로 나타났어요.
먼저 사랑한다고 고백한 비율도 남성이 3배 더 많았어요.

일반적으로 여성은 이성 관계에서
남성보다 더 조심스럽고 신중한 경향이 있어요.

여자친구가 본인만큼 사랑에 빠지려면
어느 정도 시간이 필요할 수 있으니
꾸준히 연인 관계를 유지해 보세요.

연애의
꿀팁

• • •

\#
SNS에 연인 사진을
올린다는 것

저는 SNS에 남친과 찍은 사진을 많이 올리는데
남친은 그러지 않는 게 섭섭해서 한마디 했어요.
그랬더니 남친은 쇼윈도 커플일수록
괜히 더 그러는 거라며 변명을 하네요.

1일에서 1,000일로

『성격 및 사회 심리학』 저널에 실린 연구를 보면
108쌍의 커플을 대상으로 조사한 결과
연인 관계를 SNS에 많이 노출하는 사람들은
파트너의 감정에 대해 불안감을 느낄 가능성이
큰 것으로 나타났어요.

그러니 남친의 말에도 일리가 있는 것 같아요.
더구나 남친에게 억지로 어떤 행동을 요구하는 건
오히려 연인 관계에 좋지 않을 수도 있어요.
SNS를 활용하는 방식이 서로 다르다고
생각하는 게 좋을 것 같아요.

# #
SNS와
연애

저는 SNS를 많이 하는 편인데,
남친은 그게 불만이에요.
특히 제가 다른 남자와 SNS로 소통하는 걸 싫어해요.
저희는 거의 매일 만나는 사이인데도 이러는 건
제게 너무 집착하는 것 아닐까요?

네덜란드 암스테르담 대학교 연구진은
단거리 연애를 하는 110명과
장거리 연애를 하는 162명의 참가자를 대상으로
연인과 SNS로 소통하는 빈도를 조사했어요.

그 결과 단거리 연애를 할수록
연인과 SNS 소통을 덜 했어요.
그런데 특이한 점은 연인이 모르는 사람과
연락하는 것을 봤을 때 느끼는 질투심은
단거리 연애의 경우에 더 큰 것으로 나타났어요.

장거리 연애가 아니라면 SNS는 연애 관계에
별로 도움이 안 될 수도 있다는 점 기억하세요.

···

# #
여자친구와 친구 중
누가 더 편할까?

여자친구가 참 좋지만 동성 친구들과 있을 때
마음이 더 편하다는 생각을 자주 해요.
혹시 제가 사랑하지 않는 여자와 연애를 하는 건 아닐까요?

♡ ○ ◁

영국 윈체스터 대학교 연구진이
연애 중인 남성 30명을 대상으로 심층 면접을 한 결과
모두 자신의 솔직한 마음을 공유하는 남성 친구가 있었고
여자친구와 데이트할 때보다
남성 친구와 있을 때에 더 친밀감을 느꼈다고 해요.

남자는 여자친구에게 늘 잘 보이고 싶은 마음이 있고
그래서 솔직한 마음을 다 털어놓지 못하는 것 같아요.

그러니 여친을 향한 마음을 의심하진 마세요.
여자친구와 함께하는 시간이 쌓이다 보면
여친도 점점 편해지는 경험을 하게 될 거예요.

•••

\#
연애하면
친구와 멀어진다?

15년 지기 절친이 얼마 전에 연애를 하면서부터
제 카톡을 자주 씹는데 섭섭한 건 물론이고
그동안 절친 맞았나 하는 자괴감마저 들어요.
제가 솔로라 괜히 자격지심이 생기는 걸까요?

1일에서 1,000일로

영국 옥스퍼드 대학교 연구진은
애인이 생기면 친한 친구 중 평균 2명과
사이가 멀어진다는 연구 결과를 발표했어요.

여기서 친한 친구란
1주일에 한 번 이상 만나거나
필요할 때 정서적으로 지지해 줄 수 있는 친구로
남성은 평균 4~5명, 여성은 5~6명이 있다고 해요.

그러니 친구로서는 많이 섭섭하겠지만
절친이었던 걸 의심할 필요는 없을 것 같아요.
○○님도 조만간 솔로를 탈출하길 바랄게요.

그때까지 너무 마음이 허전하다면
○○님도 그 친구와 심리적 거리를 두기 위해서
식물을 기르는 걸 추천 드려요.

이 연구진은 친구와 멀어지는 요인이
애인 이외에 자녀, 반려견, 식물 키우기 등으로도
나타날 수 있다고 했거든요.

•••

\#
남친이 잘생기면
여친은 괴롭다?

여친의 친구들과 커플 모임을 했는데
제 외모가 가장 별로인 것 같아 위축이 돼요.
어떻게 해야 할까요?

♡ ◯ ◁

1일에서 1,000일로

미국 플로리다 주립대학교 연구진이
113쌍 커플을 대상으로 조사한 결과
남친의 외모가 뛰어날수록
여성의 신체적, 심리적 건강에 악역향을 미쳤어요.

남친이 잘생길수록
여성은 외모 관리에 대한 압박감을 느끼게 되어
폭식을 하거나 우울, 불안, 자존감 하락까지 겪는다고 해요.

그러니 여친의 신체적, 심리적 건강에
친구들 중 가장 도움이 된다는 생각으로
자신감을 가지세요.

# #
내 외모는
여친을 위한 배려

친구에게 새로 사귄 여친을 보여 줬더니

예쁜 여친이 저같이 못생긴 애를

왜 좋아하는지 모르겠다고 농담을 했어요.

근데 시간이 지날수록 그 말이 자꾸 신경 쓰이네요.

♡ ◯ ▽

미국 플로리다 주립대학교 연구진이
113쌍의 커플을 대상으로 조사한 결과
남성이 스스로 생각하기에
여성보다 외모가 매력적이지 않다고 인지하는
커플의 연인 관계가 더 오래 지속되고
여성도 더 행복한 연애를 즐기는 것으로 나타났어요.

외모에 자신감이 없는 남성일수록
상대방에게 선물을 더 사 주거나 일도 더 도와주고
외모를 관리하는 노력을 하기 때문에
여성의 만족감과 행복감을 높여 준다는 거예요.

그러니 친구의 말에 마음은 상하겠지만
여친 외모가 본인보다 훌륭한 게
연인 관계에 오히려 좋은 영향을 미칠 수 있다고 생각하고
행복하게 연애하세요.

· · ·

# #
키 작은 남자의
장점

2년 만난 남친과 결혼을 고민하고 있어요.

한 친구가 예전부터 제 남친이 키가 작다는 얘기를 했는데,

결혼을 고민하는 중이라고 하니

2세 키를 생각하라며 막말을 하네요.

♡ ◯ ◁

미국 뉴욕 주립대학교 연구진은
20년 이상 3,000여 쌍의 부부를 분석한 결과,
키가 작은 남자가 45세 전에 결혼한 비율이
18% 정도 더 낮았다고 해요.

하지만 키가 작은 남자가 결혼을 하면
아내보다 돈도 잘 벌고
집안일도 더 하는 경향이 있는 것으로 나타났어요.
이혼율도 키가 평균 및 그 이상인 사람보다
32%나 더 낮고요.

남친과 2년간 신뢰를 쌓아 왔으니
결혼도 고민하는 거라는 생각이 들어요.
가정생활을 생각한다면 키가 작은 부분을 오히려
긍정적으로 생각해도 좋을 것 같아요.

\#
손힘이 센
남자

여친과 사귄 지 얼마 안 되었는데,
제가 힘이 센 편이라 고민입니다.
손잡고 걸을 때 손을 살살 쥐어야 한다는
강박관념이 있는데 어쩌죠?

♡ ◯ ◁

미국 콜롬비아 대학교 연구진이
성인 5,000명을 대상으로
한 그룹 여성은 악력이 센 남성과,
다른 그룹 여성은 악력이 약한 남성과
손을 잡게 한 뒤 감정을 조사했어요.

그 결과 악력이 센 남성과 손을 잡을 때
호감도가 더 높았고 건강한 매력을 느꼈다고 해요.

여친 손에 통증을 줄 정도로 세게 잡진 않아야겠지만
약하게 쥐어야 한다는 강박관념은 가지지 않아도 돼요.

연애의
꿀팁

・・・

#
콩깍지

저는 팔뚝이 통통한 게 콤플렉스예요.

그런데 남친은 그래서 귀엽다고 늘 말하네요.

여자친구니까 선의의 거짓말을 하는 거겠죠?

1일에서 1,000일로

네덜란드 흐로닝 대학교 연구진은
93쌍의 커플을 대상으로
자신의 몸매와 연인의 몸매를 평가하게 했어요.

그 결과 본인 몸매를 평가할 때보다
연인이 자기 몸매를 평가할 때
점수가 15% 정도 더 높게 나왔어요.

남자친구분은 ○○님의 콤플렉스를
실제로 긍정적으로 보고 있을 가능성이 크니
자신감을 가지고 예쁘게 사랑하세요!

•••

# #
살이 아니라
근육

저는 몸이 좀 퉁퉁한 편이지만 근육질이라
특별히 몸매 관리를 할 필요성을 못 느껴요.
하지만 여친은 그게 다 살이라며 착각하지 말라네요.
제가 착각하는 걸까요?

♡ ◯ ◁

1일에서 1,000일로

영국 리버풀 대학교 연구진은
비만 남녀들을 대상으로
자기 몸매에 대한 설문 조사를 했어요.

그 결과 여성은 31%만 자기 몸무게가
적당하다고 생각한 반면,
남성은 55%가 적당하다고 대답했고
심지어 자기 살이 근육이라고 믿는 경향도 보였어요.

몸매는 본인의 인식보다
여친의 말이 더 객관적일 수 있을 것 같아요.

\#
연애하고
살이 찐다면

남친과 1년 동안 교제했어요.

남친을 만난 이후로 체중이 3킬로나 늘었는데,

제가 그동안 너무 신경을 안 쓴 걸까요?

영국의 한 연구진은
169쌍 커플의 행복도와 몸무게를 조사했어요.
그 결과 연인과의 관계에 대해
행복하다고 말한 커플일수록
체중이 1년간 2kg 이상 늘었어요.

반면에 날씬한 몸매를 유지했던 커플은
만족도가 낮았고 헤어질 위기도 잦았어요.
○○님도 남친과의 관계가 안정적이고
마음이 편해서 체중이 느는 것 아닐까요?

· · ·

# #
남친의
다이어트 압박

저는 다이어트에 큰 관심이 없어요.

그런데 최근 다이어트를 시작한 남자친구가

좀 더 멋진 연인이 되자며

제게도 다이어트를 하라고 압박을 하네요.

과연 다이어트가 연인 관계에 도움이 될까요?

♡ ○ ◁

스웨덴 연구진은
비만 치료를 받은 환자 2,000명을 대상으로
그 후 10년간 어떻게 인간관계를
맺었는지 추적해 보았어요.

그 결과 체중 감량을 하면
연애를 하거나 결혼할 확률이 높아졌어요.

하지만 원래 연인 관계는
오히려 깨어질 확률이 높아졌는데
이런 경향은 체중 감량 정도와 비례했어요.

체중을 감량한 뒤 사회 활동을 더욱 활발하게 하게 되면서
연애 관계를 시작하는 데 중요한 근접성이
다른 곳에서 충족되었기 때문이에요.

다이어트가 솔로에게는 연애의 기회가 되기도 하지만
기존 연인에게는 오히려 상대방이 아닌
새로운 사람과의 만남으로 이어질 수도 있으니
상대방의 마음을 빼앗기지 않도록
매력을 가꾸는 노력을 꾸준히 하세요.

···

# #
다이어트는
혼자 해라

저희 커플은 둘 다 통통한 편이에요.

최근에 제가 다이어트를 하면서 자신감이 생겨

여친에게 함께하자고 권하는데

여친이 스트레스를 많이 받고 싸우게도 되네요.

그냥 저만 해야 할까요?

♡ ○ ◁

1일에서 1,000일로

미국 코네티컷 대학교 연구진이
커플들을 대상으로 6개월간 실험한 결과
커플 중 한 명이 식단을 조절하고 운동을 하면
다른 한 명의 체중도 덩달아 감소하는 것으로 나타났어요.

의도하지 않아도 다이어트에 대한 의사가
상대방에게 전달되고 긍정적인 결과까지 마치는 거예요.

통통한 여친에게 다이어트를 언급하면
기분 나빠 할 수도 있고
자유 선택권을 침해받는 느낌이 들어
반발심이 생길 수도 있어요.

굳이 말하지 않아도 자연스럽게 파급될 수 있으니
상대방 의사를 존중하며 혼자 다이어트하세요.

연애의
꿀팁

•••

#
선의의
거짓말

TV에 좋아하는 여배우가 나와 예쁘다고 말했는데,
여친이 자기랑 누가 더 예쁘냐며 물었어요.
"네가 세상에서 제일 예쁠 순 없잖아?"라고 답했더니
완전 삐쳤네요. 연인끼리 솔직한 게 좋은 것 아닌가요?

미국 캔자스 대학교 심리학 연구진이
연애 중인 남녀 91명을 대상으로 1주일간 조사한 결과
애인에게 평균 4.88번의 거짓말을 했어요.

거짓말의 내용은
"살찐 여친에게 예전과 같다고 말했다."
"기분이 별로였지만, 데이트를 위해 기분이 좋다고 말했다."
등 선의의 거짓말이 많은 비중을 차지했어요.

연인 사이에서는 선의의 거짓말이
관계에 도움이 되는 경우가 많아요.

# #
응원보다
더 중요한 것

남친이 무뚝뚝한 편이고
평소에 연락을 잘하지 않는 편이라 불만이에요.
그래서인지 업무 중간에 짬날 때마다
남친과 시시콜콜한 메시지를 나누는 동료가 너무 부럽네요.

♡ ◯ ◁

1일에서 1,000일로

미국 캘리포니아 주립대학교 연구진이
커플들을 대상으로 실험을 했어요.
여성들에게 업무 관련 스트레스 상황을 만든 뒤
남자친구 한 그룹은 응원의 메시지를,
다른 한 그룹은 일상적인 메시지를 보내게 하고,
또 다른 한 그룹은 메시지를 아예 보내지 않게 했어요.

그 결과 일상적인 대화를 나눈 여성이
가장 스트레스를 덜 받는 것으로 나타났어요.

응원보다도 오히려 일상적인 대화가 도움 되는 건
스트레스 상황에서 잠시 집중력을 떨어뜨리기 때문이에요.

스트레스 완화에 도움 된다는 핑계로라도
메시지에 소홀한 남친을 설득해 보세요.

•••

# #
남친이
눈치 없는 이유

여자친구가 저 때문에 삐친 것 같은데
그 이유를 도무지 모르겠어요.
제가 너무 눈치가 없는 걸까요?

♡ ○ ◁

1일에서 1,000일로

20년 전에 영국 케임브리지 대학교 연구진은
눈을 보고 무슨 생각하는지 맞히는 실험을 했는데
여성이 남성보다 다른 사람의 마음을
훨씬 잘 읽는다는 점을 밝혀냈어요.

최근에 미국계 한 바이오 기업에서 20년 전의 그 실험을
'유전자 검사와 함께' 했는데
이번에도 역시 여성이 훨씬 타인의 마음을 잘 맞혔고
여성에게서 타인의 감정과 생각을 읽는
유전자까지 발견했어요.

상대방의 마음을 쉽게 읽는 '인지적 공감' 능력은
'여성'의 3번 염색체 상의 유전적 변이와
연관이 있다고 해요.
그러니 눈치 없다고 위축되기보다는
여성에 비해 선천적으로 '촉' 능력이
부족한 점을 인정하세요.

남녀의 선천적 차이를 개인의 부족으로 잘못 받아들이면
늘 위축되고 긴장되기 때문에
공감 능력이 더 떨어지는 악순환이 펼쳐지거든요.

· · ·

# #
뒤끝 없는
사람

저는 뒤끝이 긴 편이고 남친은 뒤끝이 없는 성격이에요.

사소한 일에도 저는 상처받고 마음에 담아 두는데

남친은 전혀 눈치를 못 채네요.

저희 성격이 달라서 연애가 점점 더 힘들어지진 않을까요?

♡ ◯ ▽

미국 미네소타 대학교 연구진이

73쌍의 커플을 대상으로 조사한 결과

둘 중 한쪽이 뒤끝이 없는 성격인 경우

갈등을 잘 극복하고 연인 관계가 오래 지속되었다고 해요.

둘 다 뒤끝이 있는 것보다는

한쪽이라도 뒤끝이 없는 게 갈등 해소와

연인 관계를 유지하는 데 도움이 되는 것 같아요.

걱정 말고 즐겁게 연애하세요!

· · ·

# #
용서하는 것도
스트레스다

여자친구가 요즘 가정사 때문에 스트레스가 큰데,

하필 제가 큰 잘못을 해 버렸어요.

충분히 사과하고 적극적으로 용서를 구하고 싶은데

이런 대화가 또 다른 스트레스가 되진 않을까 우려가 되네요.

♡ ◯ ◁

1일에서 1,000일로

미국 워싱턴 대학과 노스웨스턴 대학교 연구진은
참가자 두 그룹 중 한 그룹만 스트레스를 받게 한 뒤
두 그룹 모두에게 연인이 심한 잘못과
사소한 잘못을 했을 때를 상상하게 한 다음
용서해 줄 의향이 있는지 물었어요.

그 결과 스트레스를 받은 그룹은
연인의 큰 잘못을 용서해 줄 가능성이 낮았지만
연인의 작은 잘못은 오히려 쉽게 용서했어요.

지친 상태에서 연인이 작은 잘못을 하면
용서에 작은 에너지가 들어서
때론 무시하고 덮어 버리게 돼요.
하지만 큰 잘못을 용서하려면
커다란 에너지가 필요하고
큰 스트레스를 받아 지친 상황에서는
에너지가 남아 있지 않을 수 있어요.

여자친구에게 사과는 하되 지금 당장 용서해 달라는
또 다른 스트레스는 주지 않는 게 좋을 것 같아요.

# #
애정 표현의
중요성

여친과 싸울 때가 종종 있는데
문제는 헤어진 후에도 서로 문자로 계속
부정적인 감정을 표현한다는 겁니다.
내가 이러려고 연애를 했나 하는 자괴감이 드네요.

♡ ◯ ◁

미국 캘리포니아 주립대학교 연구진은
커플 68쌍을 대상으로
10일간 주고받은 문자를 분석했어요.

행복한 연애를 하는 커플이든
그렇지 않은 커플이든 모두
갈등 상황에서 부정적인 감정 표현을 했어요.

중요한 차이는
행복한 연애를 하는 커플은 갈등 상황에서도
'사랑해!', '고마워!'라는 말을 많이 한다는 점이었어요.

평소에 '사랑해!', '고마워!' 같은 애정 표현을 자주 하세요.
갈등 상황에서도 자연스럽게 쓸 수 있고
큰 싸움으로 번지는 것도 막아
보다 행복한 연애를 할 수 있을 거예요.

# #
스킨십은
편해진 뒤에

얼마 전부터 교제하기 시작한 여친이
손잡는 것을 불편해하네요.
억지로라도 자주 잡다 보면
여친도 결국 좋아하게 되지 않을까요?

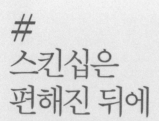

♡ ◯ ◁

1일에서 1,000일로

미국 노스캐롤라이나 대학교 연구진은
100쌍 커플을 대상으로
절반은 손잡고 영화를 본 뒤 20초 동안 포옹하게 하고,
나머지 절반은 스킨십 없이 영화만 보게 한 뒤,
모두에게 최근 스트레스에 대한 대화를 나누게 했어요.

그 결과 스킨십이 없었던 커플의 혈압과 심장박동이 높았고
스트레스 관련 호르몬 분비도 훨씬 많았어요.
스킨십은 친밀감 관련 호르몬과 진통 관련 호르몬 분비량을
높이는 등 긍정적인 효과가 커요.
하지만 중요한 건 반드시 편하고 익숙한 사람과
해야 한다는 것이에요.

오스트리아 빈 대학교의 한 연구 결과를 보면
불편한 상황이나 낯선 사람과의 포옹은
오히려 스트레스 호르몬을 분비한다고 해요.

불편한 상황에서 스킨십을 요구한 건 아닌지 돌아보고
좀 더 편하고 익숙한 사람이 되어 주며
정서적 친밀감을 가질 수 있도록 해 주세요.

· · ·

# #
스킨십과
스트레스

남친이 요즘 직장에서
스트레스를 많이 받는 것 같아요.
제가 어떻게 해 주면 스트레스 완화에 도움이 될까요?

♡ ◯ ◁

스위스 취리히 대학교 연구진이
51쌍의 커플을 대상으로
1주일에 스킨십을 얼마나 하는지와
스트레스 호르몬 수치를 측정했어요.

그 결과 신체적 접촉이 많은 커플의
스트레스 호르몬 수치가
적은 것으로 나타났어요.

남친이 좋아한다면 본인이
거부감을 느끼지 않는 선에서
스킨십을 하는 건 어떨까요?

연애의
꿀팁

· · ·

키스할 때
눈을 뜨면

여친과 키스를 할 때
눈 감은 여친 모습이 너무 귀여워서 자주 보곤 하는데,
그때마다 여친은 제게 분위기 깨지 말고 집중하라고 하네요.
저는 충분히 집중하고 있다고 생각하는데,
제가 이상한 건가요?

♡ ◯ ◁

영국 로열 할로웨이 런던 대학교 심리학과 연구진은
참가자들 손에 동일한 진동을 주며
특정 글자를 찾게 하거나 눈을 감게 했어요.
글자를 찾을 때는 진동이 약하게 느껴졌고
눈을 감았을 때는 훨씬 진동이 세게 느껴졌다고 해요.

우리 뇌는 촉각보다 시각 자극에 더 강하게 반응해서
시각을 차단하면 촉각이 더 크게 느껴지기 때문이죠.
여친의 말을 존중하고 키스할 때만큼은
시각이 아닌 촉각으로 여친을 느껴 보는 게 어떨까요?

•••

# #
애인이
날 깨무는 이유

연상인 여친은 제가 너무 귀엽다며
자꾸 제 팔을 깨물어요.
아프지는 않지만 혹시 누나가
난폭한 성향은 아닐까 우려가 되네요.
귀엽다면서 왜 깨무는 걸까요?

♡ ◯ ▽

미국 예일 대학교 연구팀은
100여 명의 참가자에게 뽁뽁이를 나눠 주고
귀여운 동물과 일반적인 동물 사진을 보여 줬어요.
그 결과 귀여운 동물 사진을 볼 때
뽁뽁이를 더 많이 터뜨렸어요.

사람은 감정 과잉이 일어날 때에
이성을 통제하지 못할까 봐 두려움이 생겨요.
지나치게 긍정적인 상태에서는
공격성과 같은 부정적인 감정을 끌어내
심리적 균형을 맞추려는 거죠.

여친의 공격적 성향을 우려하기보다는
○○님을 많이 좋아하기 때문이라고 봐도 될 것 같아요.

• • •

# #
야동과
연애

여친이 제가 야동을 즐긴다는 걸 알게 되었어요.
저는 야동을 보며 스트레스를 푸는 게
연인 관계에도 도움이 많이 된다고 주장했는데,
여친은 억지라네요.

미국 인디애나 대학교 연구진이
과거 발표된 50개의 관련 연구 자료를 분석한 결과
야동을 자주 시청하는 남성일수록
연인 관계에 대한 만족도가 떨어진다는 사실이 밝혀졌어요.
반면에 여성에 대해서는 연관성을 발견하지 못했어요.

여친의 마음을 위해서도, 연인 관계 만족도를 위해서도
야동을 줄이는 게 어떨까요?

# #
감정은
물어봐야 안다

남친과 3년째 연애 중이에요.
최근에 스트레스를 받아 우울할 때가 많은데,
남친이 제 마음을 잘 모르는 느낌이 들어 속상하네요.
저희 관계가 소원해진 걸까요?

♡ ○ ▽

미국 서던 메소디스트 대학교 연구진은
2년 이상 연애 중인 커플들을 대상으로
자신이 느낀 기분과, 자신이 느낀 상대방 기분을
1주일간 매일 기록하게 했어요.

그 결과 긍정적인 감정은 잘 파악했지만
슬픔, 외로움, 우울함 등의 감정은
잘 파악하지 못한 것으로 나타났어요.

오래 사귀다 보면 서로를 잘 안다고 생각해서
상대방의 감정도 자기와 비슷하다고 여기는 경향이 있어요.
오래 사귈수록 미루어 짐작하기보다
남친의 감정도 자주 물어보고
자신의 감정을 꾸준히 표현해 보세요.

···

# #
시선은
거짓말을 안 한다

여친과 교제 중이에요.
몸과 마음이 명확히 구분되는 건 아니겠지만
그녀를 진심으로 사랑하는 것 같기도 하고,
그녀의 섹시함에 끌리는 것 같기도 해요.
구분할 수 있는 방법이 있을까요?

미국 시카고 대학교 연구진은
남녀 대학생을 대상으로
처음 보는 사람 사진을 보여 주고
눈동자의 움직임을 함께 분석하며
이후에 그때 감정을 물었어요.

그 결과 남녀 모두 사랑의 감정을 느낄 때는
시선을 사진 속 얼굴에 집중했지만
성적 욕망을 느낄 때는
시선이 얼굴에서 몸으로 옮겨졌어요.

그녀를 만날 때 자기 시선을 관찰해 보면 좋은데
자기 시선을 객관적으로 인식하기는 어렵죠.
360도 캠을 몇 시간 대여해서
여친과의 데이트 일상을 기록해 보세요.
여친과의 일상 추억도 남기고
본인의 시선도 분석해 보세요.

# #
방귀는
빨리 터라

얼마 전에 연애를 시작했어요.
남친과 함께하는 시간이 점점 많아지는 게 참 좋지만,
그럴수록 문제가 생기네요.
제가 장이 예민해서 방귀가 잦은 편인데,
남친과 함께 있으면 참게 된다는 겁니다.
이게 참 불편한데, 어떻게 해야 할까요?

연애 초반에 방귀를 트는 것은 참 어렵지요.
국내 한 결혼 정보 업체가 조사한 결과
연인과 방귀를 트고 지내는 데 걸리는 기간은
평균 1년이라고 밝혀졌어요.

영국의 한 연구진은 125명을 대상으로
6개월 동안 연인과 방귀를 트고 지내도록 한 뒤
실험을 진행했어요.

그 결과 실험 참가자 중 절반 이상이
방귀를 튼 뒤 더 호감을 느꼈다고 해요.
연구진은 '상대방의 자연스러운 생리 현상을 통해
솔직하고 인간적인 모습을 보기 때문'이라고 분석했어요.

당사자들도 '스스럼없이 생리 현상을 해결할수록
상대방과 가깝다고 느끼게 된다.'고 밝혔어요.
그러니 고민하지 말고 자연스럽게 생리 현상도 해결하고,
더 편안한 마음으로 남친과 친밀감을 쌓으세요.

\# 애인과 사소한 일로
예민해진다면

저는 남친과 사소한 갈등에도
감정에 영향을 많이 받아요.
그만큼 남친을 사랑한다고 생각하는데,
남친은 아무리 연인이어도
적당한 거리가 필요하다는 식으로 말하네요.
저에 대한 사랑이 부족한 게 아닐까요?

1일에서 1,000일로

미국 휴스턴 대학교 연구진은
연애 중인 남녀 200명을 대상으로
애인과의 관계에 의해 좌우되는
자존감 지수를 분석했어요.

그 결과 이 지수가 높으면
애인에게 아주 헌신하고 몰두하지만
지나치게 집착하고 편집증적 양상도 보이며
사소한 것에 충동적이고 과민하게 반응해서
결국엔 관계를 망쳐 버리는 것으로 나타났어요.

반면에 이 지수가 낮은 사람은 애인과의 관계가
자존감에 영향을 미치지 않기에
사소한 문제에 대수롭지 않게 대하게 되므로
연애 중에 충돌이나 싸움도 적은 것으로 나타났어요.

남친과 사소한 갈등이나 거리감이 느껴질 때마다
지나치게 예민해진다면
내가 나 스스로를 사랑하고 있지 못해서
남친과의 관계에 일희일비 하는 것은 아닌지
한 번 돌아보면 좋겠어요.

연애의
꿀팁

· · ·

암울한 영화를
봐라

여친과 다툰 뒤 서먹하게 지내고 있어요.
극장 데이트로 분위기를 바꾸려는데,
어떤 영화를 보는 게 좋을까요?

♡ ☐ ◁

미국 뉴욕 주립대학교 연구진은
연애 중인 1,500여 명을 대상으로
한 그룹은 즐거운 영화를,
다른 그룹은 암울한 영화를 보게 한 뒤
연인에 대한 감정을 조사했어요.

그 결과 즐거운 영화를 본 그룹보다
암울한 영화를 본 그룹에서
연인에 대한 애정이 더 강해졌어요.

사람은 암울한 상황에서
의지할 대상을 찾기 마련인데
그런 분위기의 영화를 보면
그 상황에 감정이 이입되기 때문에
연인에게 의지하고 싶은 마음이 드는 거죠.

서로 연인에 대한 소중함을 되새기고 싶다면
암울한 영화를 보세요.

연애의
꿀팁

•••

# #
권태기
극복법 1

남친을 5년째 만나고 있어요.
남친을 여전히 사랑하지만 요즘 함께 있는 시간이
지루하고 따분하다는 생각이 들어요.
권태기일까요?

1일에서 1,000일로

미국 캘리포니아 주립대학교 연구진은
오래된 커플을 대상으로
한 그룹은 영화나 외식 등 즐거운 활동을,
다른 그룹은 스키, 춤 등 흥분되는 활동을 하게 했어요.

10주 후 관계 만족도를 조사해 보니
두 그룹 모두 증가했지만
흥분되는 활동을 한 그룹의 증가폭이
두 배나 높았어요.
'자기 확장 이론' 때문인데요.
사람은 누구나 자아를 확장하고 싶은
본능이 있다는 거예요.

권태기를 느낀다면 이전에 같이 하지 않았던
새롭고 도전적인 활동을 해 보세요.

연애의
꿀팁

• • •

# #
밀당의
필요성

남친이 너무 좋아서 늘 최선을 다하고 있어요.
그런데 제 친구는 밀당을 꼭 해야 한다고 하네요.
과연 그럴까요?

♡ ◯ ◁

1일에서 1,000일로

이탈리아 산 라파엘레 대학교 연구진이
평균 2년 연애 중인 남녀 104명을 대상으로 조사한 결과
어느 정도 수준까지의 이별에 대한 위협감은
파트너에 대한 헌신성을 높였어요.

하지만 위험이 너무 강하게 느껴지면
오히려 파트너와 거리를 두는 모습을 보였어요.

그러니 친구의 말도 일리가 있는 것 같아요.
하지만 지나친 밀당 역시
연애에 좋지 않은 영향을 미치니
적당한 선을 유지하세요.

# #
결혼 시기에 대해

첫눈에 반해 고백하고 사귄 지 6개월이 지났는데,
여친과 함께하면 늘 마음이 편해
결혼에 대한 확신이 들어 프러포즈를 했어요.
여친도 제가 참 좋고 편하지만
1년은 만나 보고 결혼을 이야기하고 싶다네요.
사랑과 편안함만으로 부족한 건가요?

♡ ◯ ◁

1일에서 1,000일로

미국 오하이오 대학교 연구팀은
연애를 시작한 남녀 100여 명을
2년간 주기적으로 관찰했어요.

그 결과 연인과 함께할 때
두근거리는 단계를 지나
정서적 안정을 느끼기 시작하기까지
보통 4개월 정도 걸린다고 해요.

하지만 상대방을 언제나 자기편이라고 확신하고
흔들리지 않는 '정서적 안전 기지'를 쌓는 데에는
평균 2년이 걸리는 것으로 나타났어요.

연애도 그렇지만 결혼은 특히
흔들리지 않는 믿음과 헌신을 필요로 해요.

여친의 의견도 존중할 겸
흔들리지 않는 믿음을 쌓는 마음으로
교제를 이어가 보는 건 어떨까요?

연애의
꿀팁

• • •

시계
선물

3년 교제한 여자친구와 결혼을 생각하고 있는데
여친은 아직 생각이 없는 것 같아요.
어떻게 하면 좋을까요?

미국 플로리다 주립대학교 연구진은
여성 59명을 대상으로
시계 소리가 나는 방,
소리가 나지 않는 시계가 있는 방,
시계가 없는 방에 각각 들여보낸 뒤
그 안에서 결혼에 대한 설문 조사를 했어요.

그 결과 여성들은 시계 소리를 들었을 때
더 빨리 결혼하고 싶다고 응답했고
결혼에 대한 기대 수준도 더 낮게 나타났어요.

같은 실험을 남성에게 진행했을 때는
시계 소리에 영향을 받지 않았는데
여성은 아이를 가질 수 있는 시간이
얼마 남지 않았다고 느껴
결혼에 대해 조급해졌기 때문이에요.

여자친구에게 소리가 나는 시계를
선물해 주는 건 어떨까요?

\#
다툰 뒤
문자 전송

남친과 다툰 뒤 제 생각을 차분하게 정리해서
카톡으로 보내는 편인데,
그럴 때마다 남친은 더 공격적인 반응을 하는 것 같아요.

♡ ◯ ◁

미국의 한 대학교 연구진은
남녀 커플을 대상으로
문자를 주고 받는 빈도,
관계에 대한 만족도,
헤어짐을 고려한 횟수 등에 대해
설문 조사를 했어요.

그 결과 여성은 남친과 문자를 많이 할수록
연인 관계에 대한 만족감이 낮았고
남친과 싸운 뒤 문자로 해결하려고 할수록
오히려 헤어지는 빈도가 높았다고 해요.

문자는 감정을 배제할 수 있다는 측면도 있지만
오해의 소지가 많아 더 다투게 될 수도 있으니
갈등 해결을 하려면 직접 대화를 하세요.

• • •

#
데이트 중
핸드폰 사용

여친과 데이트 중에
습관적으로 핸드폰을 종종 보곤 해요.
저는 핸드폰을 보면서도 대화가 충분히 가능하다고 생각하는데,
여친은 그런 행동을 참 싫어해서 다툼이 잦아지네요.
여친이 너무 예민한 것 아닐까요?

♡ ◯ ◁

영국 켄트 대학교 심리학과 연구진은
성인 153명을 대상으로
대화 중 휴대폰 사용빈도에 따라
관계에 미치는 영향을 조사했어요.

대화 중 휴대폰을 자주 볼수록 대화의 질이 떨어졌고
상대방과의 관계도 소홀해졌으며
관계에서의 만족도도 떨어졌고
소외감을 느끼며 의미 없는 존재라고 여겼어요.

○○님이 핸드폰을 보는 동안
여친은 ○○님에게 의미 없는 존재란 느낌을
강하게 받을 수 있어요.

그러니 데이트 중 핸드폰 사용은 최대한
자제하는 게 좋을 것 같아요.

...

#
이상형을
만나 봤자

이상형이던 사람을 만나서 교제 중이에요.

그런데 요즘은 연애가 행복하다는 생각이 안 드네요.

제 이상형이 아니었던 걸까요?

♡ ◯ ▽

미국 텍사스 대학교 연구팀이
연애 기간이 평균 6년인 남녀 300명을 대상으로
조사한 결과 연인이 이상형에 가까워도
연애 만족도와 행복을 보장하지 않는 것으로 나타났어요.

오히려 이상형 여부가 아닌
주변 사람들과 비교해서
연인이 가장 나은 사람이라고 생각할 때
연애 만족도가 높게 나타났어요.

혹시 요즘 주변에 남친보다 나아 보이는
남자가 있는 건 아닌지 생각해 보세요.

···

\#
요즘 여친이
과음한다면

여자친구가 최근 저와 데이트할 때 과음하는 것 같아요.
술을 그만 마시라고 하면
오히려 싸움이 되니 고민입니다.

♡ ◯ ◁

미국 버펄로 대학교 연구진은
81쌍의 커플을 대상으로
음주 관련 설문을 했어요.

그 결과 애정전선에 문제 있는 커플들이
술을 더 많이 마셨고
남친에게 불만이 많은 여성일수록
과음하는 모습을 보였어요.

여성은 연인과의 관계 변화를
굉장히 섬세하게 느끼기 때문에
소원해진다는 느낌을 받을 때
큰 상실감에 괴로워 더 과음하는 거지요.

어쩌면 여친이 과음하는 이유가
○○님과의 관계에 대한 고민 때문일지도 몰라요.
여친의 과음 자체보다도
과음을 하게 된 여친의 마음을 헤아려 보세요.

•••

# #
권태기
극복법 2

3년 된 커플인데,
최근 다른 커플과 동반 데이트를 종종 하게 됩니다.
함께 만나면 재미있기도 하지만,
저희가 권태기라서 그런 건 아닐까 걱정도 되네요.

♡ ◯ ◁

1일에서 1,000일로

미국 웨인 주립대학교 연구진은
60쌍의 커플을 대상으로
여러 커플이 함께 어울릴 때
연인 관계에 어떤 영향을 미치는지 연구했어요.

두 커플을 한 조로 만들어 대화하게 했는데,
이후 설문 조사에서 연인 간 친밀도가 크게 높아졌고
권태로움은 더 줄어들었다고 했어요.

다른 커플과 대화를 하다 보면
잊고 있던 연인의 좋은 점을 다시 인식하게 되고,
새로운 관점에서 바라보게 되기 때문이에요.

권태기라서 동반 데이트를 선호하는 것일 수도 있지만
그게 오히려 권태기 극복에 도움이 될 수도 있어요.

···

# #
여자가 바람피우고
싶어질 때

남자친구와 잘 만나고 있는데,
가끔 다른 남자가 눈에 들어오네요,
제가 나쁜 사람인 거죠?

♡ ◯ ▽
_____

스스로 많이 혼란스러울 것 같아요.

여성은 호르몬의 노예라는 얘기가 있죠.

특히 생리 주기에 따라 감정이나 신체 변화가 일어나요.

그런데 바람피우고 싶은 마음도 생리 주기와

관련이 된다는 연구 결과가 있어요.

미국 뉴멕시코 대학교 연구진에 의하면

배란기 여성들은 남자친구가 아닌 다른 사람과

스킨십하는 상상을 한 적이 있다는 질문에

'그렇다.'고 대답할 확률이 26%나 높아진다고 해요.

연구진은 만족스러운 연애 중이더라도

배란기 때에는 다른 남자를 찾게 될 수 있다며

그 이유를 임신 가능성이 높아진 시기여서

자기도 모르게 더 건강한 유전자를 가진 상대를

찾기 때문이라고 분석했어요.

그러니 종종 이런 마음이 잠시 들다가 사라지는 여성분은

혹시 생리 주기와 관련되지는 않는지

생각해 보고 호르몬 탓으로 돌리세요.

· · ·

# #
바람피운
남친

남친이 바람을 피우다 걸렸는데
다시는 안 그러겠다고 비네요.
이 남자 믿어도 될까요?

♡ ◯ ▽

미국 덴버 대학교 연구진은
연애 중인 남녀 484명을 대상으로
조사한 결과
과거에 바람피웠던 사람이
앞으로 바람피울 가능성이
2배 더 높은 것으로 나타났어요.

바람을 피우면 처음에는
수치심과 죄책감을 느끼지만
반복하면 예전만큼 부정적인 감정이
들지 않기 때문이에요.

야동을 한 번도 안 본 사람은 있어도
한 번만 본 사람은 없는 것과 마찬가지죠.

남친의 지금 말을 믿는 건 자유지만
사람의 일반적인 특성은 아는 게
선택에 도움이 될 것 같아요.

...

\#
이전 남자관계가
복잡한 여자

여자친구과 결혼을 생각하고 있습니다.

여친과 평생을 함께하고 싶은데,

저를 만나기 전에 남자관계가

복잡했다는 이야기를 전해 들은 게 자꾸 마음에 걸리네요.

♡ ◯ ▽

미국 플로리다 주립대학교 심리학과 연구팀이
223쌍의 신혼부부를 대상으로
3년 반 동안 외도 경향을 조사한 결과
부부의 결혼 전 생활이 결혼 후 생활에
영향을 주는 것으로 나타났어요.

남성은 과거에 복잡한 이성 관계를 가졌을수록
결혼 후에도 그런 습관을 고치기 어려웠어요.

반면에 여성은 과거의 이성 관계가 적을수록
결혼 후에 외도에 관심을 드러냈고,
이성 관계가 많을수록
결혼 후에 다른 이성에 관심을
덜 두는 것으로 나타났어요.

과거는 과거일 뿐이고,
더구나 이성 관계가 많았던 여성이
결혼 후에 외도 경향이 낮다고 하니
여친의 현재만 보고 확신을 가지길 바랄게요.

# #
비밀 연애 vs
공개 연애

저희는 사내 커플인데 비밀 연애 중입니다.

저는 들킬까 봐 늘 신경 쓰여서 공개 연애를 하고 싶어요.

하지만 남친은 오히려 비밀 연애가

더 뜨거운 연애를 할 수 있다고 하네요.

정말 그런가요?

♡ ◯ ◁

1일에서 1,000일로

미국 조지아 대학교 연구진은
379명의 학생을 대상으로
연애 관계의 공개 유무와
만족도에 대해 느끼는 설문을 진행했어요.

그 결과 비밀 연애를 하는 사람들은
공개 연애를 하는 사람들에 비해
상대방을 덜 생각하고 매력을 덜 느끼는 등
사랑에 빠진 강도가 덜한 것으로 나타났어요.

편하게 서로에게만 집중하도록
공개 연애를 하자고 남친을 설득해 보세요.

• • •

# #
헤어져도
연락하고 싶은 이유

절친이 얼마 전에 여친과 헤어졌는데도 자꾸 연락을 하기에
미련이 남는 것 아니냐니까 절대 아니라네요.
미련이 아닌데 굳이 친구 관계를 지속할 이유가 있을까요?

♡ ◯ ▽

미국 캔자스 대학교 연구진은
남녀 약 500명을 대상으로 연구한 결과
연인과 헤어진 이후에도
친구 관계를 유지하고 싶은 4가지 이유를 발견했어요.

첫째는 상대방의 감정적 지지를 잃고 싶지 않아서였고
둘째는 금전 문제 등 현실적으로 얽힌 문제 때문이었어요.
셋째는 상처 주는 것을 스스로 용납하지 못하기 때문이었고
넷째가 바로 미련 때문이었어요.

이처럼 여러 이유가 있을 수 있으니
친구의 미련이라고 단정 짓지는 마세요.
다만, 혹시나 더 상처를 입을지 모르는
헤어진 여친의 입장도 헤아릴 수 있게
도와주시는 게 좋겠어요.

연애의
꿀팁

• • •

반대하면
더 좋아진다?

부모님이 제 여친을 싫어하세요.
그럴수록 더 좋아지는데 어쩌죠?

♡ ◯ ◁

1일에서 1,000일로

사람은 자신의 자유 선택권이 침해될 때
이를 회복하려는 동기가 유발돼요.
통제받은 행동을 할 때 더 긍정적으로 재평가하게 돼죠.

그래서 '소변 금지'라고 쓰여 있는 곳에 소변을 더 많이 보고,
'낙서 금지'라고 쓰여 있는 곳에 낙서가 더 많은 거예요.

연애 감정에서도 마찬가지로
부모나 주변 사람의 반대가 있을수록
그 사랑을 더 깊게 인식하곤 해요.
이를 '로미오와 줄리엣 효과'라고 하고요.

그러니 주변에서 반대가 많은 상황에서
내가 느끼는 감정이 아닌,
철저히 내가 주체가 된 상태에서
상대방에 대한 감정을 인식하세요.

내가 바로 그 주변인이라면
지나친 반대가 오히려 상대방을
더 긍정적으로 인식하게 한다는 점을 기억하세요.

···

# #
남자의
자존심

여친이 최근에 높은 경쟁률을 뚫고 대기업에 취직했어요.
함께 기뻐해 줘야 하는데,
이상하게 자존심이 상하는 걸 느꼈어요.
제가 자존감이 낮은 걸까요?

♡ ◯ ◁

미국 플로리다 주립대학교 연구진이
32쌍의 커플을 대상으로
파트너의 사회성과 문제 해결 능력이
상위 12% 또는 하위 12%라고 임의로 알려 주고,
검사를 통해 무의식적 자존심 변화를 분석했어요.

그 결과 파트너의 점수가 상위 12%에 속한다고 전해진
남성들에게 더 자존심이 상하는 반응이 나타났어요.
반면에 여성들에게서는 별 차이가 없었고요.

여성은 남친의 성공을 자신의 것으로 받아들이지만
남성은 그렇지 않은 경향이 있는 것 같아요.

그러니 개인의 자존감 문제보다는
일반적인 남성의 특성으로 보는 게 좋을 것 같아요.

···

# #
티 나지 않게
조언해라

여자친구가 수험생인데
공부를 열심히 하지 않으려 해서 챙겨 주다 보면
결국 열심히 하라는 잔소리를 하게 되네요.
그렇다고 그냥 보고만 있을 수도 없고,
어떻게 해야 할까요?

미국 뉴욕 대학교 연구진은
변호사 시험을 앞둔 커플들을 대상으로
시험 한 달 전부터 시험 날까지 매일
연인에게 하는 조언 유무와
스트레스 정도를 분석했어요.

결과는 조언을 들은 날
스트레스를 더 많이 받았어요.
조언을 받으면 그대로 해야 한다는
압박감을 느끼기 때문이에요.

놀라운 건 상대방은 조언을 했다고 생각하지만
본인은 조언을 받지 않았다고 여긴 날
스트레스를 가장 적게 받았다고 해요.

우선 힘든 이유들을 충분히 들어주고,
본인의 경험을 돌려 얘기하는 식으로
티 나지 않는 조언을 하세요.
어떤 조언을 하느냐보다
어떻게 조언을 하느냐가 중요합니다.

•••

# #
장거리
연애

남친이 1년간 외국으로 어학연수를 가요.
장거리 연애를 하게 되니 아무래도
관계가 불안정해지지 않을까 우려가 됩니다.

캐나다 퀸즈 대학교 심리학과 연구진은
장거리와 단거리 연애 중인
약 1,000명을 대상으로 조사한 결과,
장거리 연애 중일 때 행복감이
더 떨어지지 않는다고 나타났어요.
오히려 장거리 연애일 때
상대방을 '이상화'하는 경향도 있다고 해요.

또 다른 연구를 보면
장거리 연애를 할 때는
사소한 싸움을 할 기회가 더 적다고 해요.

남친과 떨어져 지내는 게 아쉽겠지만
장거리 연애라고 해서
꼭 관계가 소원해지는 게 아니고
오히려 좋은 점들도 있으니
우려할 필요는 없을 것 같아요.

# #
청소년기의
연애 경험

얼마 전에 연애를 시작한 고1 학생입니다.

부모님이 청소년 연애 경험이 성인이 된 이후에

심리적으로 좋지 않은 영향을 미칠 수 있다며 우려하시는데,

정말 그런가요?

♡ ○ ◁

미국 덴버 대학교 연구진은

16세 청소년 남녀 200명을 대상으로

연애할 때 연인과 서로 얼마나 관계를 잘 맺는지와,

연애 경험이 성인이 된 이후에 미치는 영향을 조사했어요.

그 결과 청소년 때 연인과 좋은 관계를 맺은 사람은

성인이 된 이후에도 연애 관계로 인한

정신적인 문제를 겪을 확률이 낮고

심리적으로도 긍정적인 발달을 촉진했다고 해요.

여친과 좋은 관계를 잘 맺고 있다면

부모님의 우려에 덩달아 흔들리지 말고 예쁘게 사랑하세요!

데이트 폭력에서 벗어나지 못하는 심리적 이유

요즘 데이트 폭력은 정말 심각한 사회적 문제예요. 데이트 폭력 관련 기사를 보다 보면, 연애에 대해 지나치게 두려움을 가지게 되기도 하고, 연애를 회피하게 되기도 하죠.

물론 폭력은 가해자가 100% 잘못했기 때문에 법적인 조치를 받아야 하고 폭력 성향에 대한 전문적인 도움을 받아야 해요.

하지만 반복적으로 데이트 폭력을 당하면서도 관계를 끊지 못하고 오히려 관계가 더 돈독해지면서 벗어나지 못하는 경우도 많아요. 그래서 데이트 폭력에서 벗어나지 못하는 심리를 한 번 살펴볼 필요가 있어요.

♥ 익숙함

사람은 누구나 좋은 게 좋고 싫은 게 싫어요. 심리 용어로 '쾌락 원칙'에 따라 행동한다고 해요. 쉽게 말해서 쾌락을 늘리고 불쾌감을 줄이는 행동을 하기 마련이죠. 그런데 쾌락 원칙을 따르지 않는 예외가 있어요. 반복적으로 폭력을 당하면 폭력을 행사하는 사람으로부터 멀어지는 게 당연한 것 같지만 반대로 그 사람과 멀어지지 못하는 거죠.

주변 사람이 볼 때에는 당사자가 도무지 이해되지 않고 답답하기만 할 거예요. 그런데 당사자는 더 답답합니다. 본인도 자신의 행동이 이해되지 않으니까요. 왜 자기도 이해되지 않는 행동을 하게 될까요?

한마디로 말해 익숙하기 때문이에요. 고통스럽더라도 익숙한 게 마음이 편한 것이죠. 심리학에서는 이런 현상을 '반복 강박'이라고 해요. 반복 강박이 생기는 이유는 자라는 과정에서 반복적으로 경험한 폭력일 수도 있고, 성인이 된 이후에 반복적으로 경험한 폭력일 수도 있어요. 물론 당사자 잘못은 전혀 없고 참 억울한 일이에요.

반복된 경험에서 벗어나기 위해서는 자신의 의지와 상관없이 폭력에 익숙해진 것이 아닌가 진지하게 돌아보는 시간을 가져 보세요.

♥ 공포심

폭력 경험은 누구에게나 극심한 공포감을 줘요. 나에게 공포감을 주는 대상을 그 이후로 멀리하는 게 당연한 것 같지만, 정반대로 행동하게 되기도 해요. 공포감을 준 대상에게 긍정적인 감정을 가지게 되기 때문인데요. 이를 범죄심리학에서는 '스톡홀름 증후군'이라고 해요.

이러다가 내가 죽을지도 모른다는 극도의 공포감을 경험하면 정상적인 판단이 잘 안 되고 인지 왜곡이 일어나요. 나를 죽일 것만 같았던 그 사람이 돌변해서 잘못했다고 빌고 반대로 굉장히 잘해 주면 피해자는 혼란스러워지거든요. 심지어 날 죽이지 않아 줘서 고맙다는 마음까지도 들어요. 게다가 무의식적으로는 내가 살기 위해서는 저 사람을 좋아하는 수밖에 없다고 생각해요.

그래서 아이러니하게도 폭력이 잦을수록 정반대의 애정 표현을 할 때 그만큼 더 큰 사랑을 느끼게 돼요. 이런 감정 경험은 생화학적으로도 설명이 돼요. 폭력을 가했다가 반대로 애정 표현을 하면 스트레스에 반응하는 코티졸과, 쾌감과 관련된 도파민 분비가 촉진되어 심리적 만족감을 경험해요. 마약 중독과 비슷한 거죠.

이런 경험을 하다 보면 결국엔 폭력조차도 합리화하게 돼요. 합리화된 폭력은 가해자의 폭력을 정당화하여 악순환하게 하죠. 극도의 공포를 경험한 이후에 나타나는 무의식적 과정이기 때문에 당사자의 잘못은 전혀 없고 참 억울한 일이에요.

반복된 폭력 경험으로부터 벗어나기 위해서는 극심한 공포감으로 인해서 가해자에 대한 정상적인 판단이 잘 되지 않을 수 있다며, 자기 자신을 조금 멀리서 남 보듯이 보는 시간을 가져 보세요.

♥ 외로움

마음 깊은 곳에서 극심한 외로움을 느끼는 것은 참 힘들고 괴로워요. 그런 사람은 인간관계에서 친밀감을 얻으려고 과도하게 애를 쓰게 되죠. 아다시피 연인 관계는 더 깊은 친밀감을 경험하는 소중한 관계예요. 심지어 데이트 폭력이 반복되는 연인 관계에서도 친밀감을 경험하곤 해요. 데이트 폭력으로 인해 고통을 당하면 가해자는 사이코패스가 아닌 한 정신을 차린 뒤 몹시 미안해하기 마련이죠. 가해자가 죄책감 때문에 전보다 더 노력해서 더 큰 관심을 주니 피해자는 이전보다 더 큰 친밀감을 경험하게 돼요. 친밀감이 몹시 고팠는데, 더 큰 친밀감을 주니 고통을 감수하면서까지 그걸 놓치고 싶지 않은 거예요.

사실 친밀감은 인간에게 참 자연스러운 욕구예요. 하지만 희생과 고통을 연료로 일시적인 친밀감을 얻는 것은 더 큰 희생과 고통을 수반하기 때문에 결국은 안정적인 친밀감을 경험하기 어려워지고 친밀감에 더 집착하게 되는 게 함정이죠. 데이트 폭력이 반복되는데도 외로움 때문에 관계를 유지하고 싶은 것은 아닌지 한 번 돌아보세요.

♥ 불안감

데이트 폭력을 반복적으로 경험하다 보면 늘 불안해져요. 언제 또 맞을까 조마조마하니까요. 이런 불안한 마음은 너무 괴롭기 때문에 불안감을 줄이기 위해 내 무의식은 내 마음을 지키기 위한 나름의 장치를 마련하고 행동하게 돼요. 이를 방어 기제라고 하죠.

'매도 먼저 맞는 게 낫다.'라는 속담처럼, 아이러니하게도 자기가 먼저 비폭력적인 선빵을 날립니다. 무의식적으로 상대방이 싫어하는 행동을 하거나 비아냥거리거나 무시하는 등 상대방의 폭력성을 부추기는 행동을 하는 거죠. 반복적인 폭력 경험이 너무 불안해서 몸이 괴롭더라도 마음이라도 편하자고 '매를 그냥 먼저 맞아 버리려고' 매를 버는 무의식적인 행동을 하는 거예요. 이런 아이러니한 행동을 심리적으로는 '수동에서 능동으로의 전환'이라고 해요.

수동적으로 당하는 것보다 능동적으로 당하는 게 고통이 적다는 거죠. 하지만 결국엔 '언 발에 오줌 누기' 격으로 점점 폭력이라는 고통 경험을 반복하면서도 그 덫에서 빠져나오지 못하게 돼요. 가해 남친이 말하는 '네가 맞을 짓을 했다.'라는 말에 자기도 모르게 동의를 하게 되고 용납하게 되는 거예요.

절대로 피해자가 잘못했다는 말을 하려는 게 아니에요. 이 모든 과정은 무의식적인 행동이고 결국은 폭력 경험으로부터 유발된 것이니까요. 하지만 본인이 데이트 폭력에서 벗어나지 못하는 무의식적 원인에 관심을 가져 보는 것은 참 중요한 것 같아요.

♥ 우월감

데이트 폭력을 반복적으로 경험하다 보면, 남친이 얼마나 나쁜 사람인지 주변 사람들에게 말을 하게 되기도 해요. 자꾸 이런 억울함을 하소연하는 건 어찌 보면 폭력의 자연스러운 결과죠. 실제로 억울하니까요. 그런데 문제는 반복되다 보면 억울함 호소를 위해 폭력을 용인하게 되기도 한다는 점이에요. 주객이 전도되는 거죠.

그런데 좀 이상하죠. 억울해서 좋을 게 뭐 있나요? 그런데 마음 깊은 곳에서는 좋은 게 있어요. 반복적으로 고통을 받는 사람, 그걸 감수하는 사람, 그럼에도 불구하고 관계를 유지하려고 노력하는 사람, 그러기 위해 희생하는 사람은 '도덕적으로 우월한 사람'이라는 느낌이 들거든요. 심리 용어로는 '고통을 통한 애착'이라고 하기도 해요. 그래서 폭력적인 남편에게 평생 맞으면서도 살 수 있는 거예요.

하지만 이건 엄밀히 말해 애착이 아니에요. 건강하지 않으니까요. 물론 이 모든 건 무의식적 과정이에요. 무의식이 이렇게 무서워요. 자기의 무의식에 관심을 가져야 하는 이유예요. 혹시 이런 무의식 때문에 자기도 모르게 폭력의 굴레를 벗어나지 못하고 있는 건 아닌가 하고 생각해 보는 계기가 되길 바랄게요.